クレーム対応の極意

あなたのひと言が"ファン客"をつくる!

山本貴広 著

同文舘出版

プロローグ

「ねぇ、ちょっと」――背後からあなたを呼ぶ声。振り返ると、商品を持ったお客様が仁王立ち。

「たぶん、クレームだ……」

とっさに周りのスタッフを確認する――が、他のスタッフは遠くから横目でチラチラと見て見ぬふり。仕方がない……。あなたは意を決して返事をする。

あなた「はい、お待たせいたしました」

お客様「これ、先日お宅で購入した商品だけど……。動かないんだよねぇ。どうしてだろ？」

あなた「拝見させていただいてもよろしいでしょうか？」

お客様「いいよ。はい」

渡された商品を調べるが、原因がよくわからない。とにかく電源を入れても動かないのはたしかだ。

そこであなたはお客様に2、3質問する。

あなた「いつ頃購入されましたか？」

お客様「つい最近だよ。3、4日前かな」

あなた「レシートはお持ちですか？」

お客様「いや、もう捨てた」

あなた「何度か使用されましたか？」

お客様「最初からまったく動かなかったんだよ！」

お客様は少しいら立ってきたようだ。

明らかに新品同様の商品、しかしレシートがない。本当に当店で3、4日前に購入されたものなのか。スタッフに確認するが、誰も知らないと言う。

お客様のいら立ちも顕著になってきた。なんらかの対応を提示しなければならない。

その時点であなたが思いついた対応は、以下の〝A案〟〝B案〟〝C案〟の三つ。

A案「店内に同型の商品がございますので、すぐに交換させていただきます」
B案「原因を調査いたしますので、いったん預からせていただきたいのですが……」
C案「当店の販売履歴がないと返品や交換などは受けつけられないので、いったんお調べしてからご提案させていただきたいのですが……」

即交換か、原因調査後の対応か……。いや、まずは当店で購入されたものかどうかを特定することが先か。うーん、もっと他の案を考えるべきか……。

あなたは判断しなければならない。さて、どうしたものか。
お客様は明らかにいら立っている。早く返答しないといけない。さて、どうする？ どう対応する？

小売業・接客業に従事されている方であれば、一度はこのような場面に遭遇したことがあるのではないでしょうか。
そんな場面で思い出していただきたいのは、クレームを店舗に申し出るには、自分の言い分が正当なものであっても、お客様は躊躇するものだということです。

そこで店舗スタッフが、仮に先述の「A案」を提案することに決め、「あぁそうですか、じゃあ交換します（それで納得されますよね）」などのひと言でクレームを解決しようとしたら、お客様はどう感じると思いますか？

もし、私がお客様の立場だったら、「たった、それだけ!?」と叫んでしまうと思います。お客様はクレームとして自分の気持ちを伝えるまでに、漠然とした不快感を抱えています。それを理解せずにひと言ですませようとするから、お客様は我慢ができなくなり、怒りの感情を表わすのです。

お客様は、商品・サービスを通常の状態まで回復させることだけにとどまらず、〝精神的な苦痛を解消したい〟ということを求めています。このため、お客様の気持ちに配慮した対応がなければ、あなたのもとを再び気持ちよく訪れることはないでしょう。

ここではまず、〝申し訳ない〟という気持ちの表明（謝罪）と、わざわざご来店いただいたことについてのお礼を言うべきです。それが「お客様の気持ちに配慮した対応」なのです。

したがって、一見するとベストな対応――A案「その場での商品交換」というだけでは、お客様の怒りはなかなかおさまりません。

怒りがおさまらないと、直接的な苦情だけでなく口コミなどの間接的な形で、あなたの会社（店）の信頼度を低下させる行動へとつながってしまうのです。

本書では、クレームが発生した場合の対処法だけでなく「なぜクレームが発生するか」までをくわしく解説しています。

実際に多数のクレームに対応してきた筆者の経験から、クレーム対応の第一歩とは〝お客様がいまどのような気持ちでいるのか〟を理解すること、そして〝お客様の不満を出し切らせること〟だと感じているからです。たとえマニュアルどおりにクレームに対応してその場はことなきを得たとしても、お客様はなぜ、どのようなことに対して不満を持たれるのかという根本的なことを理解しなければ、同様のクレームが再び起こりかねません。

それでは、1章から具体的な事例を交えてご説明していきます。

クレーム対応の極意　目次

2章 クレームが発生したら 基本編

3章 クレームが発生したら ケース別対応編

4章 クレームが発生したら 応用編

5章 クレームが起こる前に　クレーム対策、まずは予防

6章 難クレームへの対処法

カバーデザイン／藤瀬和敏
イラスト／鈴木真紀夫
ＤＴＰ／三宅秀典（シナプス）

1章

なぜクレームは起こってしまうのか

クレーム対応の基礎知識

1 「ちゃんと教育してるの!?」

なぜクレームが起こってしまうのか？

「あの店員の態度は何!?　ちゃんと教育してるの!?」

「おい！　この商品直ってないぞ！　修理代金も払ったはずだけど！」

「予約していた商品、今日受け取る約束だったよね？　なぜ今日受け取れないの？　これって詐欺じゃないの？」

「家に帰って、箱を開けてみると傷がついていた。友人へのプレゼントだったのに」

このようなクレームをどこかで耳にした経験はありますか？　小売店店長やお客様相談室担当という立場にいた私が、お客様からたびたび言われてきた言葉です。

クレームには、どのような意味があると思いますか？

端的に言えば、〝あなたの会社（店）の提供する商品・サービスにはがっかりした〟というお客様からのサインです。

つまり、お客様は〝提供する商品・サービスへの満足度が期待値よりも低かった〟と主張しているのであり、お客様と会社（店）間に、何らかのギャップが生じている状態だと言えます。

冒頭にあげた「あの店員の態度は何⁉ ちゃんと教育してるの⁉」とおっしゃったお客様は、購入予定の商品の置き場所を尋ねたところ、説明を求められたスタッフにぞんざいな対応をされました。

この場合、店に対して好感を持っていた（よい商品を置いている店、親切な店、として認識していた）からこそ来店したのに、ささいなきっかけ（スタッフの面倒くさそうな態度）でがっかりしてしまったのです。

現代はモノが溢れた〝商品の供給過多状態〟なので、消費者（お客様）は多くの企業・店の中からどこで買うかを、そのつど判断しています。他店で買っても問題ないところをあなたの店に来ているわけですから、以前よりも〝不快感を与えられることなく、気持ちよく買物させてほしい〟と感じる気持ちは強くなっているのです。

だからこそ、クレームの多くは、商品不良、サービスレベルの不満だけでなく、実に多くの複合的な要因が重なり発生します。

お客様が不快に思うのは、舌打ちなどのスタッフの無礼な態度だったり、「だから、それはお客様の使い方に問題があったんですよ」というような一方的な言動だったり……。お客様は、自分が受けた失礼な対応・言動をいつまでも覚えているため、不満が積み重なり、些細なことをきっかけに爆発することがあります。

再びさきほどの例で言えば、お客様はそもそも、スタッフに尋ねる前に〝店内の配置がわかりにくい〟という不満があったはず。声をかけたところで面倒くさそうな表情をされ、さらに不満が募ります。不満が重なったところにぶっきらぼうな言葉で返答され、積み重なった感情が爆発してしまった、というわけです。

言い換えれば、お客様からのクレームは「あなた方が提供する商品やサービスは、対応を含めて、改善する時期にきているのではないのですか？」というメッセージ（警告・サイン）と捉えることもできます。

メッセージを投げかけられた際に逃げることなく、一つひとつ乗り越えていけば、提供する商品やサービスの改善につなげることができるということを覚えておいてください。

クレームの種類

商品に関するクレーム

品質、価格、品揃え、品切れ、破損、汚損、故障、商品違いなど

サービスに関するクレーム（スタッフの応対など）

応対：態度が悪い、言葉遣いが悪い、説明不足、商品知識がない、しつこいなど
サービス：予約、修理、返品交換規定、特典など

経営や管理に関するクレーム

営業時間、売り出し企画、チラシの配布エリア、騒音（店内外放送など）、ゴミ問題、店舗施設改善要求（レジ台数・トイレ・看板・照明・駐車場、警備員配置など）

事故・トラブルに関するクレーム（店内外問わず）

駐車場での事故やトラブル、店内事故（什器に引っかかり転倒・商品が落下・遊具で遊んでいてケガなど）、自動ドアやエスカレーター、エレベーターでの事故、食中毒など

2 「もともと不良品だったのではないか？」

クレームと苦情はどう違う？

▼混同されがちな〝クレーム〟と〝苦情〟

本書では〝クレームへの適切な対応法〟について説明していきますが、ここで、クレームと混同しがちな〝苦情〟との違いについてお話ししておきます。

クレーム　正当な主張、当然の権利としての要求・請求。サービス提供者（企業・店）に対して、明確な回答や改善・保障などを要求する行為

苦情　自分が他から害を受けている状態に対する不平・不満の気持ちや、それを表明する行為

それぞれの語句の意味は、厳密にはこのように説明できます。

この定義をもう少し私なりにわかりやすく解釈し、本書では〝クレーム〟と〝苦情〟の関係を次のように定義します。

クレーム　お客様が「問題が起こり困っています。何とかしてください」と申し出る行為
苦情　クレームが（結果として）相手（企業・店）に聞き入れられず、その不満が積もり積もった結果の表明

苦情はクレームよりもこじれた状態ですから、お客様の不信感を払拭するのはむずかしくなります。

つまりここで言えるのは、問題が発生した場合、苦情になる前のクレームの段階で適切な措置をとることが大切だということです。

では、「購入後1年を過ぎて商品が壊れた。もともと不良品だったのではないか？」という申し出があった場合、どう対応するべきでしょうか？

ありがちなのは、この要求を〝言いがかり〟として捉え、〝すでに1年経過して保証期間外〟なので商品検査を拒否するというパターン。

つまり、会社側がお客様を相手とせずに、会社側の都合でクレームを意図的に握りつぶしてしまうようなケースです。

しかし、いままでに見つかっていない〝製造上における何らかの問題〟が発生していないとも言えませんから、

クレームと苦情の違い

①適切な措置および対応をしなかった
②適切な対応を行なった
③提供する商品・サービスなどの改善を実行

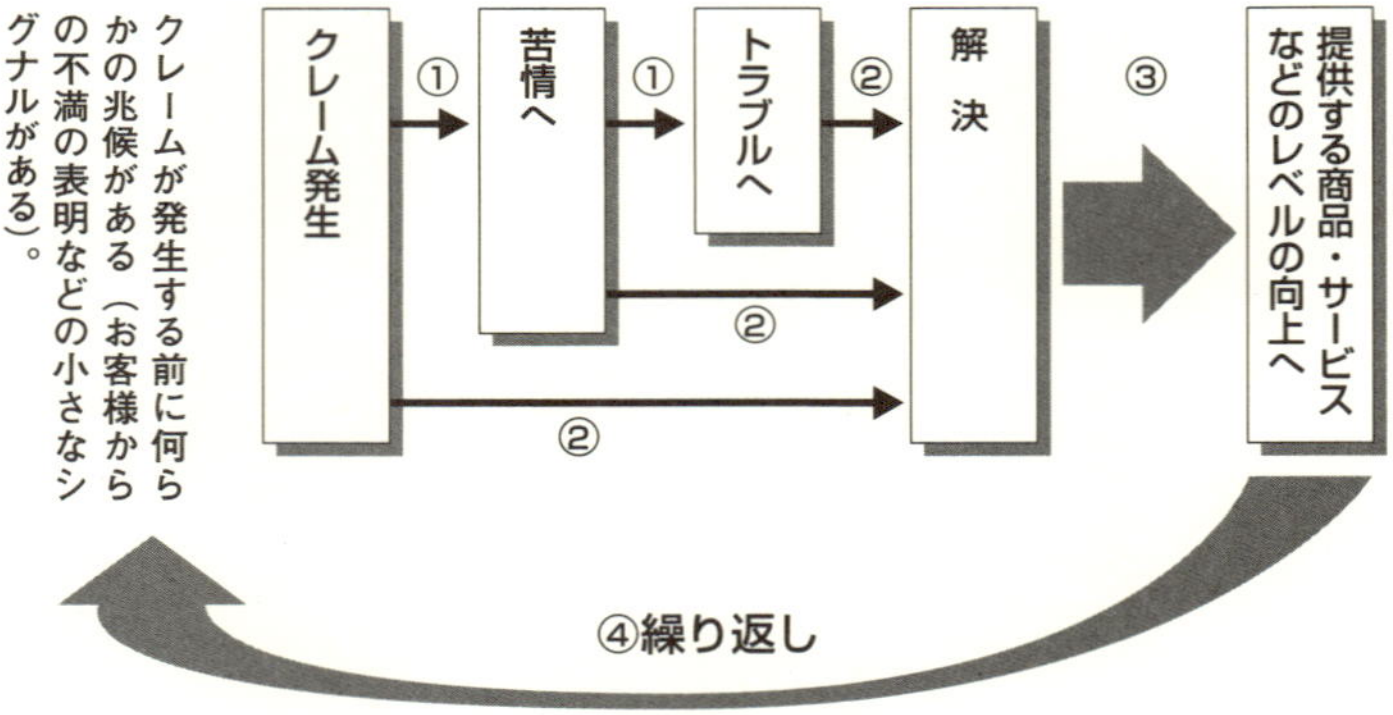

「わかりました。それでは、いったんお預かりして検査いたします。検査期間につきましては、お預かりしてから２週間ほどかかりますが、結果は必ずお伝えいたします」

と対応するのが適切です。

過去の社会問題にまで発展した事例を振り返るまでもなく、クレームを臭いものとして捉え、〝臭いものには蓋〟というような対応をしていたのでは、長い目で見ればお客様の信頼を大きく損ない、会社存続の危機に立たされることにもなりかねません。

3 「オレの連れが相当怒って、言いふらしよるんよ」
クレームは氷山の一角

商品やサービスを購入・利用したお客様の約40%が、少なからず不満を持っている、そして、それを申し出るのは不満を持った顧客のうちのわずか4%——という調査結果があるのをご存知でしょうか？

時代が変わり、この調査が現状を反映しているとは限りませんが、クレームに関するひとつの重要な指標として真摯に受け止める必要があります。

また〝不満に感じた人は、満足した人の2倍の人数に口コミを行なう〟——つまり「企業が対応を誤ると、悪い噂は一気に広がる」とも言われています。

お客様の行き場を失った怒りや不満が、家族や知人・友人に回り、さらにそのまた家族・友人・知人へと広がっていく……。

私は実際にこんな経験をしたことがあります。

アウトドア用品店店長を勤めていた頃、競合店の新店オープンがあり、当日、近隣店舗の店長とともに競合店調査を行ないました。

新装開店セールということもあり、私が任されている店舗のお客様も、その期間ばかりは競合店に浮気するように買い物に来ていました。

以前は常連客だったものの、しばらく顔を見せないお客様も来店しており、店内で私と顔を合わせると気まずそうな表情で視線を外されました。


競合店調査の数日後、常連客の1人が私の店舗に来店し、「店長、1週間ほど前のことになるなぁ、あんたんとこのスタッフが、オレの連れと修理の件で揉めたやろ？」と切り出しました。

「えっ、そうなんですか。事実であれば申し訳ございません。私は把握していませんでした。すぐに確認します」と慌てて返事をすると、

「それでなぁ、オレの連れが相当怒って、言いふらしよるんよ。それ以来、この店に来ていないはずだよ。オレらの仲間にあんたの店の悪口を言って、あっちの店（競合店）に乗り換えようってしきりに言ってるよ。店長、いまならオレが仲裁するけど、どうする？早めのほうがいいよ」

その常連客の「連れ」という方は、数日前、競合店の店内で私と目が合って気まずい表情で視線を外した方でした。

問題となっているスタッフから事実関係を確認したうえで、常連客の連れの方に伺うと、スタッフの1人が「そのような古い商品は修理できません」という失礼な言動と態度で修理受付を断ったのがことの発端でした。

その不満が一気に爆発し、「今後あの店に行くのはやめよう」と、メールや会話で広がったため、心配した常連客の1人が、店長の私に仲裁を持ちかけてくれたのです。

仲介者である常連客同席のもと、経緯を説明したうえで謝罪したところ、お許しいただけました。

後日、グループの他の常連客にも事情説明と謝罪をし、趣味仲間全員とまではいかなかったものの、なんとかお客様を引き留めることができたのです。

このケースでは、常連のお客様が仲介に入ってくれたことで損害の拡大を食い止めることができましたが、常にそのようなサポートを受けられるわけではありません。

クレームの口コミは、特に、狭いエリアで地域に根ざした商売をされている方にとって深刻な問題です。

昔から「悪事千里を走る」と言われますが、今はネットが普及し、掲示板やメール、ホームページやブログであっという間に広がってしまいます。

評判になることの多くは、〝期待以上の対応を行なった企業〟もしくは、〝とても不愉快な対応を行なった企業〟のいずれかです。

平均的な無難な対応をしたところで、口コミにはならないのですから。

※2005年、全国の法務局が受理した人権侵害件数は、前年比4%増の約2万3000件と過去最多。特にインターネットによる事例が、272件と前年（2004年）より4割近く増え、地方法務局からプロバイダーへ削除を依頼した例があったといいます。申告の大半は個人間の人権侵害ですが、ネット上で誹謗中傷行為が増えていることを如実に物語っています。

4 「店舗地図に交差点角のコンビニがなかったのでわかりづらかった」

クレームはなぜチャンスなのか？

▼お客様からのクレームは有益な情報の宝庫

お客様からクレームが寄せられると「何とかうまく切り抜けなきゃ」と慌ててしまうかもしれません。しかし、クレームにはお客様を怒らせてしまったというマイナス点だけでなく、あなたの会社・店にとってのプラスの面もあるのです。

そのひとつが、

クレームにはたくさんの情報が隠されている

という点です。

お客様はクレームをお申し出になるとき「こうだったらいいのになぁ……」と漠然としたイメージを持って発言されていることが多いものです。その発言の端々にお客様の心理が見え隠れしています。

「この商品で、もう少し小さいサイズはないの？」……小さいサイズを開発（仕入れ）してほしい

「広告の店舗地図に交差点角のコンビニがなかったのでわかりづらかった」……地図が古く、修正が必要
「あちらの店に、○○という新商品が入荷していた」……こちらでも早く取り扱ってほしい
「しゃがんだときに腰の部分から水が入ってくる」……雨具の規格の見直しが必要

また、衣料品のサイズについて言えば、S・M・Lなどの規格は会社（供給）サイドが決めたものです。〝体型に合わない〟というお客様の声が多いとしたら、その規格自体を見直す必要がある——つまり、「その商品は不良品と同じ」ということになるのです。

お客様の発言には、商品やサービスを改善するための〝多くのヒント〟が隠されています。

お客様のご意見から、新たな商品・サービスが生み出されることもありますし、私自身もメーカーへ直接、お客様の要望を伝えたことで商品化した実例もあります。

接客・対応する中では、商品やサービスを購入・利用していただけるようにアプローチすることはもちろん大切ですが、セールスすることだけにとらわれずに〝お客様の意見を拾い上げる〟ことの重要性も認識しておきましょう。

5 「あなたが言うのだから仕方ないね」

誠心・誠意・誠実な対応でお客様はファンになる

クレームのメリットの2点目は、適切な対応をすればお客様は以前よりもファンになってくれる、という点です。

クレームが解決して一件落着。このような場合、解決後にお客様がファンとなってくれることは少なくありません。

ただし〝会社・店のファン〟ではなく〝対応者のファン〟となるケースがほとんどで、「あなたが言うのだから仕方ないね」などという言葉とともに解決することが多いのです。

ですから、クレーム解決への第一歩は対応者である〝あなた〟がお客様から信用されることです。

そして、クレーム解決後もずっとファンでいてもらうためには、信頼回復に努めなければなりません。

そのためには、クレーム発生時に「今度同じことがあったら許さんぞ！」と、お客様が厳しい発言をされたとしても、「その後の商品の調子はどうですか？　何かありましたら気軽にお声掛けください」と、クレームをひとつのきっかけに良好な関係をつくっていくことです。

クレーム解決時に、あなた（対応者）のファンになったお客様が、そのときの対応を高く評価をしたとしても、そのまま放っておけば、お客様の気持ちはしだいに離れていくでしょう。

〝お客様が怒っている〟ということは、〝あなたの会社に対するお客様の信頼が著しく低下している状況〟でもあります。したがって、対応者には、お客様の信頼をいま一度回復させるための行動が求められているのです。

それでは、クレームを解決するまでのプロセスを次章で見ていきましょう。

江戸時代の顧客指向

顧客指向・顧客中心の考え方は、もともと日本では昔から受け継がれている考え方で、代表的な例に、江戸時代に活躍した蘭学者、渡辺崋山の『商人八訓』があります。

『商人八訓』

一．先ず朝は、召使いより早く起きよ
二．十両の客より百文の客を大事にせよ
三．買手が気に入らず、返しにきたならば、売る時より丁寧にせよ
四．繁盛するに従って、ますます倹約せよ
五．小遣いは一文より記せ
六．開店のときを忘れるな
七．同商売が近所にできたら懇意を厚くして互いに勤めよ
八．出店を開いたら、三ヶ年は食糧を送れ

商売をしていく上で、非常に重要な点が記されていますが、中でも、「三」がクレーム対応と非常に密接に関わりある項目です。

「返品にきたときは、売るとき以上に誠意を持って対応しなさい」ということですが、広く考えれば、「お客様が問題を抱えたときに誠意を持って対応することが、自店のファンをつくることにつながる」と解釈できます。

2章 クレームが発生したら

基本編

1 謝罪プロセスの基本

お客様に損害を与えたことが明らかな場合

クレーム対応とは、お客様から寄せられた声に対応することです。お客様はほとんどの場合、不満を持ち、怒っている状態ですから、まず必要なのは「謝罪」することだと考えてください。

まずは、以下の基本的な「謝罪プロセス」を把握しましょう。

①お客様を理解し配慮する

「おけがはありませんでしたか？」「不都合はございませんでしたか？」

②みずからの過失を認識する

「私どもの不注意から、○○という不手際を起こしてしまいました」

③あらためて謝罪する

「誠に申し訳ございませんでした」「お許しください」

④原因を説明する

「担当者が未熟であったために」「多忙を極めておりましたので」

(企業・店側の過失が軽い場合（ファミレスなどでコーヒーをこぼした、など）は、かえって言い訳がましくなるため④は不要)

⑤今後の対策を説明する

「二度とこのようなことのないよう、○○を徹底（指導）してまいります」

⑥補償する

「今回はお客様にご迷惑をおかけしましたので、少額ではございますが、○○○○円分の商品券（無料券、クリーニング代など）をお受け取りくださいませ」など

謝罪の言葉を多用しすぎると、お詫びの言葉が軽くなってしまうため注意が必要ですが、③を除く各場面で、必要であればひと言添えてもいいでしょう。

2 クレーム対応の基本

解決までの7ステップ

クレーム対応の第一歩である「謝罪」の基本に続いて、解決までのプロセスを紹介します。基本プロセスは以下の7ステップです。

ステップ1　ヒアリング
ステップ2　共感する
ステップ3　謝罪する
ステップ4　質問する
ステップ5　調査する
ステップ6　原因説明と解決案の提案
ステップ7　約束の履行

私が実際に体験した事例（「購入した釣り竿が折れた」というクレーム）に沿って、ステップ1から順にくわしく紹介します。

3 基本ステップ1 ヒアリング

▼先入観を持たない

お客様からクレームが寄せられた場合、まず最初にしなければならないのは、クレーム内容をくわしく伺うこと、つまりヒアリングです。聞き役に徹するための重要なポイントは〝先入観を持たない〟ということ。

対応者自身の〝固定観念〟や、〝経験〟というフィルターを通してものごとを見聞きして判断すると、お客様の話す内容を先取りする危険性があります。

あるとき、「あんたの店で買った釣り竿が、釣りの途中で折れた！　弁償しろ！」というクレームがありました。

この場合、してはいけないのは、お客様の話を聞きながら「以前にも同様のクレームがあったなあ……」→「そのときは、お客様自身が無理な力をかけたか、釣り糸を絡ませて折ったか（お客様の過失）だったなあ」→「まあ、そのときと同じだろう」と、勝手に推測して決めつけることです。

このように考えてしまうと、お客様の発言を遮って「あぁ、それは釣り糸を絡ませて折ったのではないですか？」などと発言してしまいがちですが、お客様の真の不満の理由は別にあることが多いものです。

たとえばこのケースでは、釣り竿が折れたこと以上に、購入時にスタッフからの説明が足りなかった、という点に特に不満をお持ちなのかもしれません。

そうであればお客様は、話を遮られたうえにお客様の責任と決めつけられたことで、さらに不信感を持ちます。「この対応者は聞く耳を持たないし理解力がない。したがって、信頼できない」と。

仮に、対応者が「購入時にスタッフが説明しなかったんですね」と、一見的を射る発言をしたとしても、お客様の話を遮ってコメントしたなら、「わかっているなら、なぜ買う前に言わないんだ？」などと反発されるのは必至です。

つまり、どちらにしても、お客様の怒りは避けられません。

対応者にとっては何度も聞いたことのあるお申し出であっても、そのお客様にとってははじめてのクレームであり、お申し出です。

担当者がクレーム対応に慣れてきて、つい「あぁ、また同じようなクレームだな」と思ってお客様の話を聞いてしまうと、話の半分程度しか理解できないうえに、対応者の雰囲気や気持ちがお客様に伝わってしまいます。

また、「このお客様の言っていることは正しいのか？」などとはじめから疑ってかかる姿勢で聞いていると、お客様の言うことすべてがウソのように聞こえてきます。

「言いがかりをつけるためにわざと釣り竿を折ったのではないか？」と疑い、お客様のウソを暴いてやろうという〝ウソ発見器〟のような気持ちになっていませんか？

クレーム対応に慣れてくると〝お客様の話の矛盾点を突いて、論破して解決〟――という気持ちになりがちですが、そのような対応は、お客様に不信感を与えます。

まずは、「お客様の話は正しい」という前提のもと、聞き取りを行ない、クレームの全体像（概要）を把握することが重要なのです。

▼反論は極力控える

「釣り竿が折れた」というクレームに対して「よけいな力を加えていないのなら、通常使用でそう簡単に折れるものではありませんよ」などといきなり反論してはいけません。

お客様からのお申し出に対して反論を控えることは、非常に苦痛です。なぜなら、お申し出の内容はおおむね対応者（会社・店）への痛烈な批判だからです。

お客様はしばしば、今回の件とは直接関係のないことがらまで言及することもあるため、我慢できずにお客様の話の腰を折り「〜とおっしゃいますが……」とつい言いたくなるのもわかります。

しかしこの反論は、お客様にとって〝対応者（会社・店）からの宣戦布告〟のように聞こえるのです。

お客様は無意識（ときには意識的に）のうちに、対応者を挑発してきます。しかし、ひどい誹謗中傷でない限り、お客様への反論は控えましょう。

「釣り竿が折れた」というクレームがいつの間にか「2年前のオープニングセールに買い物に来たら目当ての商品が売り切れていた」というクレームに変わっていることもありますが、お客様はただ〝怒り〟や〝不満〟をすべて吐き出したいだけなので、お客様の話を途中で遮らず、最後まで、真摯に忍耐強くお聞きしましょう。

▼お客様にすべての不満を吐き出させる

激怒し、マシンガンのようにまくし立てるお客様であっても、すべての不満を吐き出せばいったん冷静になります。

「お客様のすべての不満を出し切らせる」——これが重要なポイントです。

お客様は対応者（企業・店側）を言い負かしてやろうと考えていると同時に、対応者に反論されることを恐れているため、対応者に反論させずに一気に論理的にまくし立てて不満を出し切りたいと思っています。

そして、クレームを言うお客様の多くは、事前に論理的な組み立てを行ない、話す順番も完全に組み立て、不満をぶちまけるために万全の体制で臨んでいるものです。

このため、対応者がお客様の言葉を遮ると、「あなたは人の話もまともに聞けないのか！」などと火に油を注ぐことになってしまいます。

▼あいづち・復唱を駆使してお客様の話を伺う

お客様の話を聞く際のあいづちは、〝お客様の申し出を真摯に聞いていますよ〟という、対応者からお客様へ向けたメッセージで、クレーム対応において重要な役割をはたします。

以下の基本的なあいづち・復唱をところどころに挟みながら話を伺いましょう。

①あいづちの基本パターン

「はい」「ええ」「なるほど」「そうですね」

「恐縮です」

「さようでございますか」

「ありがとうございます」（感謝の言葉）

②相手の言葉をそのまま返す（オウム返し）

お客様「〇〇が動かなくなったんです」

対応者「〇〇が動かなくなったんですね」

③長い話を要約しながら確認する

お客様「1週間前、うちの妻が、お宅で〇〇っていう商品を購入したんだけど、3回ほど使ったら、どうも調子がよくない。説明書を見てやってるんだけど、どうも動かないようだし……。特に分解したということもないんだけど」

対応者「1週間前にご購入いただいた商品が動かないのですね」

4 基本ステップ2 共感する

▼共感は同情ではない

クレームが発生するのは、会社（店）側が提供した商品、もしくはサービスによって、お客様が何らかの不都合や迷惑を被った（と感じた）ときです。

お客様は「せっかく買った釣り竿が折れてしまい、こんなに困っている」という不満を訴えているのです。そして、「私がこんなに困ることになった要因は、お宅の商品が悪かったからだ」とも感じています。

ここでの対応のポイントは

「この対応者は、私のために親身になって考えてくれている」

と、いかにお客様に感じてもらえるかということです。

ただ、親身になることと同情することを履き違えないように注意しましょう。

お客様は同情されたように受け取ってしまうと、自尊心を傷つけられたと感じ、その結果話がこじれてしまいます。特に見下したような、哀れむような言動（「悲惨ですね」など）は避けなければなりません。

お客様が話している間は話を遮らずに最後までお聞きし、あいづちを打ちながら「いつもと同じように使っていたのに折れてしまったということですね」などと整理しながら話を進めます。

「お客様のお話はきちんと聞いていますよ」という会社（店）側の姿勢をお客様に感じてもらうことが重要です。そのためには、あいづちだけでなく、共感する〝プラスひと言〟が重要な役割をはたします。

共感を示す言葉の代表的なものに、

「そうですか。それはお困り（たいへん）でしたね」

という言葉があります。

あいづちを打つだけでも、場合によってはＯＫかもしれません。

しかし、お客様は〝行き場のない無念な気持ちを受け止める配慮あるひと言〟がほしいと思っています。

〝あなた方が提供する商品・サービスによって迷惑を被ったのにひと言もないの？〟と感じているのです。

つまり、〝お客様の話を受け止め、共感するためのひと言〟が、クレーム対応において

共感するためには、お客様の視線に合わせること

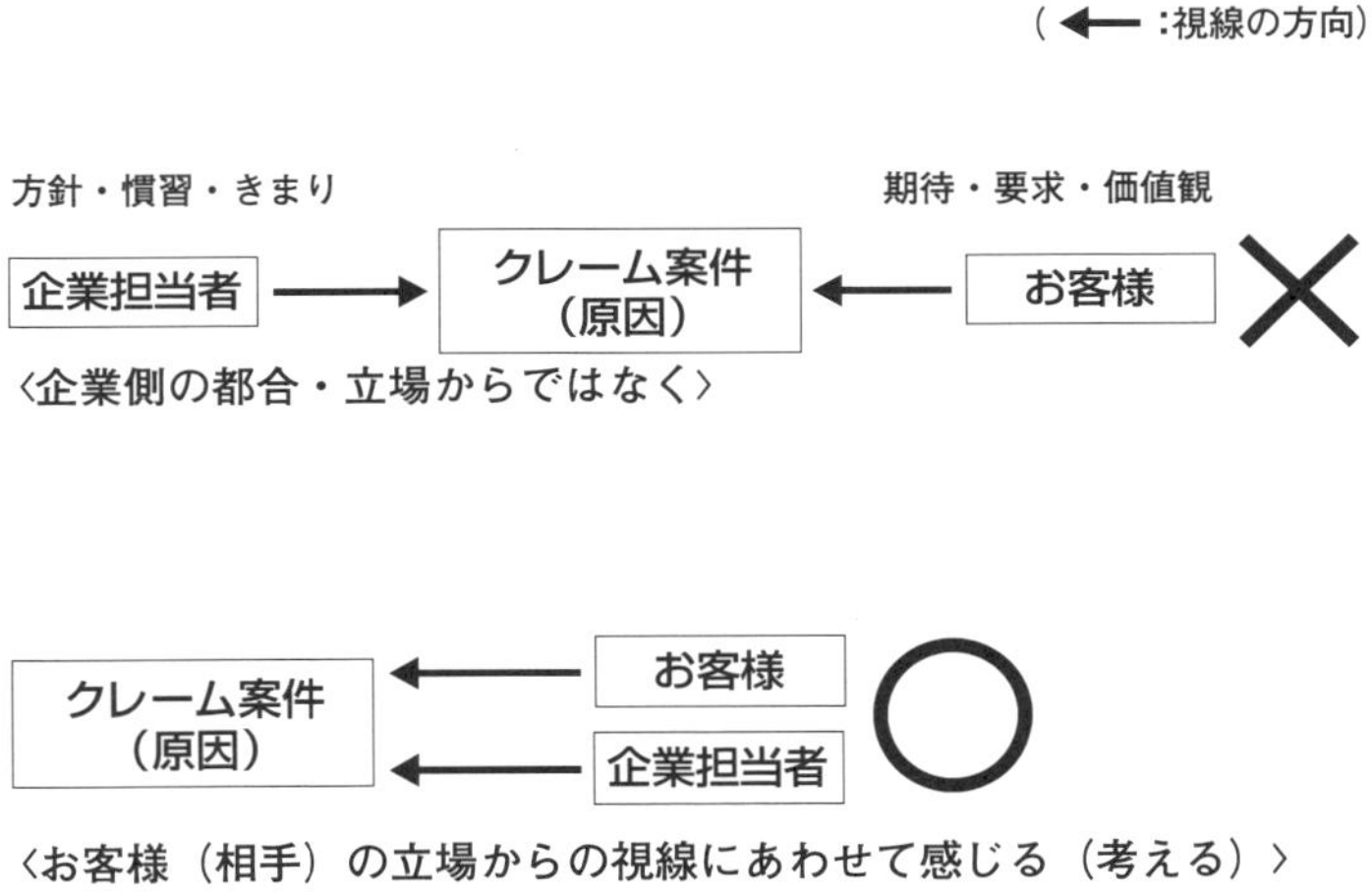

はたいへん重要、かつ有効なのです。

▼お客様のクレーム内容がよくあるケースなのか否かを説明する

お客様は、自身の主張が受け入れられるかどうか、不安を抱えています。したがって、自分のケースが〝はじめてのケース〟なのか、〝前例のあるケース〟かを知ることで、自分の主張が的外れではなく、受け入れられるべきものだと知り、安心することができます。

①お客様のクレーム内容がよくあるケースの場合

「ご不快な思いをさせてしまい、誠に申し訳ございません。お客様が購入された釣り竿につきましては、実は他のお客

様からも同様のご指摘を受けており、製造メーカーへ原因調査を依頼しているところです。ご迷惑をお掛けいたします」

↓〝釣り竿が折れて困ったケースはあなただけではないのですよ〟ということをさらっと伝えて安心感を与える。言い訳がましくならないこと。

②お客様のクレーム内容が稀有なケースの場合

「実は、今回のようなご指摘ははじめてのケースですので、これを受けて、私どもも全力かつ早急に改善に努めてまいります」

↓〝あなただけがクレームをつけている〟という、お客様を責めるような言い方にならないよう〝指摘をいただいたことに感謝する〟気持ちで伝えること。

5 基本ステップ3 謝罪する

▼まずは部分的な謝罪

当方に、全面的に過失（落ち度）があった場合には、心からの謝罪を行なうことは言うまでもありません。

また、こちら側に過失があるのかどうかわからない段階でも、クレームを早期解決するために、〝お客様を不快な気持ちにさせた〟ことについてお詫びする必要もあります。

この場合の謝罪はあくまでも、釣り竿が折れたことでお客様を不快にさせたことに対する「部分限定」の謝罪です。

▼責任転嫁に注意する

ただ部分限定とは言っても、「弊社が」「スタッフが」「メーカーが」「販売店が」など、他社（他人）への責任転嫁とも取れる謝罪は、お客様に嫌みに聞こえてしまい「おい、それで謝っているつもりか！」「黙って聞いていれば、どうもあなたは、会社のせいにして責任逃れをしているじゃないか！」というお叱りを受ける可能性もあります。

他社・他人の責任を前面に押し出すと、お客様からは会社（店）側の対応が無責任に感じられてしまうからです。

たとえば

「メーカーの取扱説明書の不備が、このような結果を招いたと考えております」

この発言は、お客様にしてみれば「当店（当社）はまったく関係ない。取引先メーカーが全部悪い」と言っているように聞こえてしまうでしょう。

お客様にしてみれば、対応者がすでに〝会社（店舗）の顔〟であり、極論すると対応者が〝会社そのもの〟なのですから、こちらの発言に対してお客様から厳しい指摘や追及があった際は、みずからの至らない点を素直に認め、謝ることも重要です。

「私の未熟さ（勉強不足など）からお客様にご不快な思いをさせてしまい、誠に申し訳ございません」

「私も会社の代表として、お客様とお話しさせていただいております。決して、会社や他人に責任転嫁しているわけではございません。その点をなにとぞご理解いただき、また、不快な発言をしてしまったことにつきましては、深くお詫び申し上げます」

言葉づかいが〝正しい〟〝正しくない〟ということだけで、お客様が不快に感じることはありません。言葉尻を捉えられるような不適切な発言については十分に注意する必要がありますが、これがもっとも重大なことではありません。

私も不適切な発言をすることがありますが、それが大きな問題へと発展したことはありません。少々の言葉遣いのミスはカバーできます。対応者が心から〝申し訳ない〟という気持ちを持っているかどうかが重要なのです。対応者の気持ちは〝発する言葉〟や〝態度〟にそのまま表われることを覚えておきましょう。

▼言い訳を交えない

また、「申し訳ございませんでした。しかし、お客様の使い方、つまり通常は力のかからない部分にお客様ご自身が力を加えてしまったということなんですよ」と、〝謝罪〟と同時に〝言い訳（理由）〟を述べると、多くの場合、お客様の反感を買います。

自分の思いや考えを述べることに偏って、お客様の立場に立った視点が欠けているため、〝反論するための見せかけだけの謝罪〟と受け取られてしまうのです。

「申し訳ございませんでした」と、謝罪は謝罪として申し上げます。その後、調査結果などが出てからあらためて理由（言い訳）を伝えるというように、謝罪と言い訳はきちんと分けて行ないます。謝罪の目的はお客様の気持ちをやわらげることにあるのですから、担当者自身の主張を通すことに終始するという愚を犯さないよう気をつけましょう。

▼謝罪時に不可欠なお辞儀と言葉

〝当方になんらかの過失（落ち度）がある場合〟や〝お客様を不快にさせた場合〟には、心を込めた謝罪を行ないます。

その際、「すみません」を連呼するだけではお客様に不信感を持たれるだけなので、注意が必要です。

気持ちのこもったお詫びの言葉や態度を重ねることで、お客様の怒りや不満を徐々に平常の状態に戻し、解決に向けて前進することになるのです。

▼謝罪時のお辞儀の角度

①部分限定の謝罪の場合……軽く頭を下げてお詫びする。

程度により会釈～敬礼：上体を15度～30度傾ける。

視線：足元から1・5m～60cm先を見る。

②全面的に当方に過失のある場合……深く頭を下げてお詫びする。

最敬礼：上体を45度～60度傾ける。

視線：足元に落とす。

▼謝罪の言葉

①当方に過失があるかどうかがわからない場合（※部分限定の謝罪）

「○○の件につきましては、たいへんご迷惑をお掛けしました」

「先ほどは失礼な言い方をしてしまい、誠に申し訳ございません」

「ご不快な思いをさせてしまい、誠に申し訳ございません」

「私どもの説明不足により、お客様にご迷惑をお掛けしましたこと、誠に申し訳ございません」

②当方に過失があることが判明した時（※全面的な謝罪）

「不手際がありましたこと、お詫びいたします」

「そうでしたか……。誠に申し訳ございませんでした」

「心よりお詫び申し上げます」

「お詫びのしようもございません」

「本当に申し訳ございませんでした」

「お客様に多大なご迷惑と損害を与えましたこと、誠に申し訳ございませんでした」

「二度とこのようなことのないように気をつけます」

「今後、このようなことのなきよう、再発防止に全力を尽くしてまいります」

6 基本ステップ4 質問する

▼5W1Hで全体像を把握する

お客様のお話を伺い、いったん謝罪をしたら、次に必要なのは「クレームの全体像」を把握することです。

ヒアリングの際にお客様から一方的に伺う内容は〝クレームの断片〟であるため、それだけでは判断材料として不十分です。

パズルのピースを埋めていくように一つひとつの事実を積み上げることで、クレームの全体像を推測し明らかにしていきます。

そして、最終的に〝お客様の求める状態（解決した状況）〟を推測し、落としどころ（解決案）を模索するのです。

質問する際は、〝5W1H〟を意識して疑問点を聞きましょう。

「いつ」（WHEN）
「どこで」（WHERE）
「誰が」（WHO）
「何を」（WHAT）
「なぜ」（WHY）
} 5W
「どのように」（HOW）
「どれくらい」
} 1H

▼「なぜ?」に注意する

不明点をお客様に質問する際は、
「確認させていただいてもよろしいでしょうか」「○○の件についてお伺いしたいのですが」などと、尋ねたいことを明確に伝えてから質問に入ります。

そして、お客様が答えやすい簡単な質問からはじめていくわけですが、その際「なぜ?」（WHY）という言葉に気をつけてください。

私は、「なぜ?」と直接理由を質問したことで、お客様から「〃なぜ?〃だと! それくらいわからないのか!!」と激怒されたことがあります。

安易に「なぜ?」と質問することでお客様の神経を逆なですることがあるため、遠まわしに質問していきましょう。

なお、質問することには〝事実関係の把握〟の他に、いくつかの利点があります。

・「話は聞いている」という対応者からのメッセージがお客様を安心させる
・会社（店）側主導で、解決へと誘導することができる

会社（店）側がお客様からのクレーム連絡の前に事実関係を調査し、お客様の言い分（クレーム内容）をすべて知っていたとしても、あえてその〝答えのわかっている質問〟をお客様に投げかけることが有効なケースもあります。

お客様は会社（店）側が事情を知らないと思っているため、質問することにはお客様からの信頼を得ると同時に、安心感を与える効果もあるのです。

▼時系列で質問する

私がお客様にたくさんの質問をしてきた中で気づいたことは、項目別に質問していくよりも、ものごとを時系列に質問していくほうが、過去の記憶を追いやすいということです。

と言うのも、ものごとは常に、〝過去→現在〟の順番で起きているため、皆さんも「たしかあのときは、こうしてから、こうしたよな……」というように、時間軸でものごとを

思い出すことが多いのではないでしょうか。

このため、お客様に質問していく際は「お客様が折れた釣り竿を当店にお持ちくださった際に、当店スタッフの○○が、失礼な発言をしたのですね？」と、あくまで時系列でお客様の記憶を追いかけていきます。

時系列で質問していくと「このタイミングで、そしてこの言動でお客様を怒らせたのだ」「接客応対のクレームだと思っていたのが、実は、商品のクレームから派生したものだった」など、さまざまなことがわかってきます。

①質問する際のクッション言葉（質問することがらの〝クドさ〟をやわらげる場合）

「（いま一度・一点）確認させていただきたいのですが」

②直接質問（「～ということですか？」）（聞きたい内容をズバリお客様に質問する場合）

担当者「〝1週間経過しても、商品がまだ届いていない〟ということですか？」

お客様「そうです。どうなっているのですか？」

③オープン質問（あるテーマを投げかけ、お客様の考えを自由に発言してもらう場合）

担当者「違う商品へ交換する場合、どのような点を重視されますか？」

お客様「そうですね……。できれば○○の機能がついているものがいいですね」

④クローズ質問（〝A or B〟など、択一式でお客様が答えやすいように誘導。お客様の要求を絞りたい場合）

担当者「商品の〝交換〟、もしくは〝返品〟のいずれをご希望になりますか？」

お客様「できれば、交換でお願いしたいのですが」

⑤確認のための質問（「～ということですね？」）（特に念押ししておきたいことや、あいまいな項目について再度確認する場合）

担当者「対応したのは、レジスタッフの○○ですね？」（確認）

お客様「そうです。レシートに〝担当○○〟と書いてありました」

⑥引き出したい答えを促す質問（「……ですか？」）（基準となる数値（ここでは自社規定の交換可能な日数）などを示し、お客様の答えからおおよその見当をつけて今後の対応を判断する場合）

担当者「その商品は、1週間以内に購入されたのですか？」（予測）

お客様「そうです。たしか5日位前です」

7 基本ステップ5 調査する

▼早急な原因究明と対応を約束する

お客様は「私（だけ）が、**なぜ**、こういう被害（不幸な目）にあったのか」というクレームの原因を知りたがっています。

「申し訳ございません。昨日はメーカーが休みでして……」
「昨日は、ちょうど担当者がいなかったものですから……」

などと言いたい気持ちはわかりますが、お客様にとっては〝単なる言い訳〟としか聞こえず、他に責任転嫁（「自分に責任はないよ」）しているように感じてしまうのです。

このような発言をしていては、お客様に信頼されるはずがありません。

担当者が休みで他の方が対応した結果だとしても、お客様には関係ありません。

お客様にとっては、誰であっても責任ある回答および補償をしてくれればいいのだということをしっかりと認識しておきましょう。

仮に商品の故障であれば、
・製造上の不良なのか、それとも、お客様の使用方法に問題があったのか
・特殊な事例なのか、それとも、よくある事例なのか
・スタッフの説明や対応に問題があったのか
・メーカーと販売店のいずれの過失が大きいのか、そしてその過失の内訳は？
など、まずは〝担当者（会社・店舗）からの回答がほしい〟とお客様は思っています。

このお客様の思いに応えることが担当者の取るべき行動です。


まずは、担当者であるあなたから、「さっそく調査し、○月○日までに必ずご連絡いたします」などと〝真摯に対応する〟姿勢を伝えましょう。

そしてそのうえで、約束期限までに必ず回答すること。

この〝お客様との約束の履行〟が重要であることは言うまでもありません。

▼聞き取り調査

お客様から事情を聞いた後、まず行なうことは、関係者からの聞き取り調査です。

クレームに対応した本人がそのまま判断する場合は必要ありませんが、それ以外の方が関わる場合、直接お客様のクレームに対応したスタッフにも確認します。

この際、まるで刑事が取り調べするような詰問口調にならないよう注意しましょう。

また、仕入先などの外部が関係するに案件には、取引先に連絡してお客様のクレーム内容を伝え、それに対する見解・今後の対応を取引先担当者と話をします。

商品検査が必要な場合は、受け付けてから検査結果が出るまでの時間、そして、検査報告書作成までの懸案事項について、話し合いを十分に行なっておくことが必要になります。

取引先が、クレームに関する情報をすでに持っているかもしれません。知っておくことで、お客様への説明にも役立てることができます。

つまり、お客様に対して「いつまでに、どのような形で提示できるのか」を論理的に説明できるように事前にメーカーなど関係者と話を詰めておくことが必要なのです。

8 基本ステップ6
原因説明と解決案の提案

▼補償の基本は〝現状回復〟

お客様から、「お宅の提供する商品やサービスによって損害を受けた」などと補償要求があった場合は、会社（店）側の過失が明らかな場合や緊急時を除き、事実関係を調査したうえで対応することになります。

補償する際の条件は、店舗（企業）側の過失（落ち度）と、その因果関係の両方がはっきりした場合です。

順序は、

①調査結果を公表
②調査結果に基づく補償内容を提示
③補償の根拠を説明する

というようになります。

補償の基本は現状回復で、通常、付随的な損害は補償しません。

現状回復とは、不良品で動かないのであれば、〝使えるように修理する〟、もしくは〝交換する〟という対応です。

たとえば、

「釣り（海上での船釣り）に行く前にお宅の店で釣り竿を買った。しかし、釣りの途中で竿が折れて釣りができなくなった。代わりの竿がなかったので、その後は釣りができず約2時間が無駄になった。したがって、竿代はもとより船代や楽しみにしていた時間も補償しろ！」

というお申し出となると、お客様の気持ちは理解できますが、船賃やえさ代、交通費、そして、楽しみにしていた時間への補償については、原則としてできません。

食べ物にゴミが混じっていたというケースであれば、同じものを再度提供することが現状回復です。

調査（商品検査など）したうえで、企業に何らかの責任があると認められれば、〝現状回復〟――ここでは釣り竿の無償修理や新品への交換をします。

その他の〝プラスアルファ〟部分については、〝誠意〟という形で、各企業の判断に委ねられるケースがほとんどです。

「お得意様である」「お客様の気持ち・心情はわかる」「ここまでは補償するという社内規

定がある」などを考慮した追加補償のことです。

▼お客様の過失が50％の場合

企業側・お客様ともに過失は50：50、双方が半分ずつ負担するのが妥当と思われるケースが発生したときに顧問弁護士に相談したところ、「それくらいの費用負担なら、お客様と費用を折半するということではなく、すべて企業側で負担したほうがよいのではないのか。企業のイメージダウンを招くよりは」とアドバイスされたことがあります。

この考えをどのように捉えるべきか？

それは担当者（あなた）が「会社（店）にとって損害が少なく（補償額や社会的信用）、お客様にできる限り満足いただけるような結論」をどのように考えるか、それしだいです。「付随的損害は補償しない」ことを基準として、他への影響度を考慮しながら対応していくことになります。

▼今後の対応や条件を提示する

調査・話し合いの結果をもとに、お客様に連絡します。

そして、今後の対応について明確に伝え、同意を得るための話し合いとなります。

スタッフの対応ミスから生じたクレームであれば、スタッフ本人もしくは責任者から謝罪、改善指導・教育を実施する旨を伝えます。

商品のクレームであれば、無償修理なのか、新品もしくは代替品への交換、それとも返金するのか。付随的な損害にはどう対処するのか（※通常、付随的損害は補償しない）。そして、期間はどれくらい見ておかなければならないのか──など。

提示するときには、お客様の手元に、いつどのような形でお渡しできるのかという一連の流れをイメージできるように、順序立てて説明します。

たとえば「今月の20日に修理が完了し、それから数日で店へ戻ってきますので、お客様のお手元には遅くとも25日にはお渡しできると思います。戻ってきたらすぐにご連絡差し上げます」というように、お客様が作業終了までのスケジュールをイメージできるように説明していきます。

その後に「GW（年末年始）の休みを挟むことになりますので、万一配送が遅れる場合は、わかりしだいすぐにご連絡いたします」など、万一のケースを想定して説明しておかなければならないことをつけ加えます。

まずはシンプルに概略だけを説明し、その後、付帯的な条件があれば、そこではじめて追加説明を入れる、という流れで説明するとわかりやすいでしょう。

▼過去の〝事例〟や〝判例〟を引き合いに出す

解決案をお客様へ提示する際は、企業側が提示した解決案（補償額、商品返品・交換、プラスアルファの補償など）の根拠をきちんと示すことが必要になります。

提示する解決案を、理屈だけで説明してもお客様は納得されないことが多いのです。理論としては正しくても、理屈のみだと〝対応者の一方的な考え・こじつけだ〟と感じられ、お客様は素直に聞くことができないのです。

そのような場合は、過去の事例や判例などを引き合いに出しながら説明し、理解を求めていきます。

①過去の例を引き合いに出す場合

「実は、○年前にもお客様と同じようなケースがあり、○○というような状況になりました。そのときは、××ということでご了承いただきました」

②判例を引き合いに出す場合

「過去の判例では、補償については△△となっております。ここはひとつ、△△ということで何とかご了承いただけないでしょうか」

〝対応者（会社・店）にうまく言いくるめられた（押しつけられた）〟とお客様に感じさ

せることがないように発言することが必要です。

▼お客様を特別扱いする場合

一部のお客様を特別扱いする場合は、特に注意が必要です。単に「今回だけは特別にさせていただきます」と伝えるだけでは誤解されかねません。特別扱いすることでクレームが解決した場合、後日、このお客様が知人や友人・ご家族に話すことにでもなれば

「あの店は、ごり押しすれば特別対応してもらえる（らしい）」

と形を変え、噂が広まってしまうことも懸念されます。

したがって、一部のお客様を特別扱いする場合は、理由をきちんと述べたうえで対応することが重要です。

「通常は、○○のようにさせていただいているのですが、お客様は**○○という事情がありますので、**今回に限り特別に○○とさせていただきます」

など、〝○○という事情を考慮して〟という部分をきちんと説明し、納得していただくことが重要です。理由を明確に説明できれば、他のお客様から厳しい指摘があってもトラブルへと発展することを回避できます。

▼お客様にとって最適な提案をする

仮に、お客様が納期についてこだわっているのであれば

「お届けの方法には2通りあります。店舗に商品が届いた後にお客様のご自宅に郵送するか、お客様に店舗までおいでいただくか、その二つです」

さらに続けて、

「できるだけ早くお使いになりたいということであれば、当店まで取りに来ていただく方法がもっとも早い方法になり、○日までには間に合いますが、いかがでしょうか？」

というように、お客様が何を一番に望んでいるのかをきちんと把握したうえで、その条件をもとに、提案していくことが重要です。

▼"決定権はお客様にある"という表現を心がける

「○○のようにさせていただきたいのですが、よろしいでしょうか？」というように、相手（お客様）の許可を得たいという姿勢でお伺いし、あくまでも「決定権はお客様にありますよ」という表現での言い回しを心がけましょう。

言葉だけを捉えるとお客様に主導権があるように聞こえますが、この場合、解決へ導くための言葉であり、主導権はあくまでこちらにあります。

そして、お客様が同意すればすぐに実行に移すことになります。

▼反論するときはどうする?

たとえば、お客様への連絡が遅れた理由をひと言お話ししたい場合は、

「なにとぞ(ひとつ)、ご理解いただきたいのですが」

と前置きしてから発言することで〝言い訳がましさ〟をやわらげることができます。

同意できる部分については、

「○○の点につきましては、ご不快な思いをさせてしまい、申し訳ございません」

とお詫びの気持ちを伝えた後、

「○○様、なにとぞご理解いただきたいのですが、××の点につきましては、△△という事情があります」

というように、こちら側からの意見を伝えていきます。

一度、相手の気持ちを肯定したうえで、あらためて企業(店)の意見や反論を伝えていきます。

また、お客様の言っていることが理不尽で支離滅裂な場合も反論することになります。この場合、ストレートに「お客様、それはおかしいですよ」と指摘するのではなく、あくまでもやんわりと伝えること。

「××というのは、○○の面から見ても過去の事例からも考えにくいことなのですが……」

など、少々回りくどい言い方でお客様に伝えます。

説明するときのクッション言葉

「○○様もご存知のことと思いますが」

「一般的によく知られていることでもありますが」

お客様の不信感を払拭するための言葉

「当方でできることは、（すべて）全力で対応させていただきます」

「ご不明な点がありましたら、何なりとおっしゃってください」

「これまでの話の中で」
「いままでの話以外でも結構です」 ｝ 「何かご不明な点やご不満がありましたら遠慮なくおっしゃってください」

「誠意を持って対応させていただきますので、ご心配なさいませんように」

「お客様に納得いただけるまで、（何度でも）説明させていただきます」

同意・理解を求める場合

「この点につきましては、○○というようにご理解いただきたいのですが」

「長期的に見ると金銭的にもお得になりますが、いかがでしょうか」

「この内容（条件）で、何とかご了承（ご理解）いただきたいのですが」

当方から提案する場合

「この件について、〝A〟もしくは〝B〟という方法がありますが、いかがでしょうか」

「○○のようにさせていただきたいのですが、いかがでしょうか」

お客様の要求・要望にお応えすることができない場合

「ご期待に添えず（お役に立てず）、申し訳ございません」

「誠に申し訳ございません。お客様の要望である○○の件につきまして、誠に心苦しいのですが、ご要望に応えることができません」

説明時のタブー（してはいけないこと）

①業界・会社の規則・都合を主張する

「○○ということは、会社の規則でできないのです」

②責任回避の言動

「**それはメーカーの責任の範疇なので、**わかりかねます」

「**我々は販売しているだけなので、**わかりかねます」

お客様にお願いする場合

お客様に何かお尋ね・お願いする場合は、〝理由を添えてお願い（説明）〟します。これにより、誤解を与えることなく納得いただける可能性が高まります。基本的に、相手に許可を求める聞き方で話を進めます。

①お客様に連絡先を伺う場合

「修理が終わり、店に届きしだいすぐにご連絡いたしますので、お客様の連絡先をお伺いしてもよろしいでしょうか？」

②不良品の商品交換で、店舗までお越しいただくようにお願いする場合

「新品への交換をさせていただきたいので、ご都合のよい日に、弊社の最寄店舗にお越しいただくのは可能でしょうか？」

③直接会ってお詫びするため、お客様の住所などをお伺いする場合

「このたびは、たいへんご迷惑をお掛けいたしました。心よりお詫び申し上げます。**私ども、直接○○様にお会いして、お詫び申し上げたいと希望しております。**○○様の都合のよい日時と、住所・電話番号などをお伺いしてもよろしいでしょうか？」

9 基本ステップ7 約束を履行する

▼〝感謝の言葉〟を伝え、気持ちよく終える

お客様・企業（店）双方が納得・合意してクレームが解決したら、感謝の言葉で締めくくり、お客様をお見送りしてようやく一段落です。

「貴重なご指摘（ご意見）をありがとうございました」

と感謝を伝えるとともに、

「今後、〇〇様をはじめとするお客様のご意見・ご要望を踏まえながら、弊社サービスの改善につなげてまいります」

といった言葉を添えて、当方の意思・姿勢を明確に伝えましょう。

お客様は、後味が悪くなることをあらかじめ覚悟したうえでクレームを言ってきているため、担当者からの〝感謝の言葉〟ひとつでお客様の気持ちはラクになります。それがお客様をファンにしてしまうクレーム対応の秘訣です。

感謝の言葉

「このたびは貴重なご意見をいただき、誠にありがとうございました」

「このたびのお客様のご意見は、弊社における今後の商品開発やサービスの向上に役立ててまいります」

「今回は、私にとりましても非常に勉強になりました。今後ともどうぞよろしくお願いいたします」

▼〝お客様との約束〟を実行に移す

さて、お客様との間では解決したかもしれませんが、まだ残っていることがありますよね。そうです、〝お客様との約束を履行すること〟です。

対応したスタッフへの教育・指導の実施や、ご迷惑をかける要因となったスタッフ本人からお客様への直接謝罪、業務フローの改善、自社商品の品質やサービスの改善など、改善項目は多岐にわたります。

その場で改善できることはすぐに着手する。この行動力が重要なのです。

釣り竿が壊れた事例で言えば「取り扱いに関する注意をもっと目立つように表示する」「スタッフからお客様へのご説明を徹底する」といった対応が考えられます。

「広告表示がまぎらわしい」といったクレームであれば、今後の注意点とすることができます。自社で提供する商品やサービスについての改善・提案事項であれば、次回は企画段階から、お客様の意見・要望を踏まえて検討していくことも可能となります。

特にチェーン店であれば、全国に多くのスタッフがいるのですから、あらためて、発生したクレーム事例を知らしめる必要があります。クレームがあったことは事実なのですから、スタッフへの注意を喚起することが重要です。

お客様からのクレームは多くの情報や示唆に富んでいます。これを生かすも殺すも対応者しだいであり、これが会社（店）への信頼を高めると同時に、それが顧客満足につながっていくのです。

決して、口約束で終わらせるのではなく、アクションを起こすことが重要です。

▼アフターフォローについて

クレームが解決したからミッション終了――ではありません。これからも、会社（店）とお客様という関係は続くのですから、ぜひアフターフォローを行ないましょう。

過去にクレームのあったお客様が来店された場合は積極的に声を掛け、場合によっては、お客様へ手紙やメールを送るといったフォローが考えられます。

過去のクレームの原因が、仮に商品不良であれば、「その節はたいへんご迷惑をおかけしました」という挨拶とともに、「その後の調子はいかがでしょうか？」「不具合などがございましたら、遠慮なくお申しつけくださいませ」とアプローチします。

その場では解決したと言っても、お客様は言い足りなかったなど、何らかの不満が残っているものです。解決したからこそ、お客様との絆をさらに深めるためにもその後のフォローが必要なのです。

ただし、当初から悪意の言いがかりをつけてきた方へのフォローは、当然のことながら逆効果の場合もあります。状況やお客様に応じてフォローを行ないましょう。

3章

クレームが発生したら

ケース別対応編

1 電話でクレームを受けたら

ケース別対応① 電話編

お客様からのクレームは、お電話で受けるケースが非常に多いものです。電話でクレームを受けた場合の基本的な注意事項は以下の点です。

①**3コール前後で電話に出る**
②**決して早口にならない**（語尾までしっかり発音する）
③**折り返し連絡が基本**（「少々お待ちください」のリミットは30秒～40秒）
④**言葉に感情を込めて話す**（「申し訳ない」という感情など）
⑤**あいづちは対面での対応よりも多めを意識する**
⑥**メモを取る**
⑦**お客様の主張・要求などの大事な部分は復唱して確認する**
⑧**電話を保留にしてお待たせする場合は理由を説明し理解を求める**
⑨**相手の声が聞こえなくなったら、その場で伝える**（「申し訳ございません。少々お声が遠いようですが」）
⑩**お客様よりも後に電話を切る**（受話器を置くのも丁寧に）

2 「オレをバカにしているのか！」

電話を受ける場所にも気をつける

あるとき、社内の廊下にある内線でお客様からのクレーム電話を受けたことがあります。聞いてみると、「スタッフの対応・マナーが悪い」という苦情。

謝罪して、お客様のお怒りもようやくおさまってきたところ、タイミング悪く、私の側を社員2名が「それはいいね！　あはは」と談笑しながら通りました。

ちょうど、私からお客様に謝罪している最中だったため、「何か笑い声が聞こえたが、俺をバカにしてるのか！」とお客様よりお叱りを受けました。

私は慌てて「実は、私が電話対応している側を弊社社員が通りまして……。今回、○○様にお申し出いただいた件とはまったく関係がありません。ご不快な思いをさせてしまい申し訳ございません」と謝罪しました。

最終的にはお許しいただきましたが、解決に向かっていたクレームを蒸し返し、ふりだしに戻ってしまいかねない状況でした。

もちろん、私にとっては不可抗力なのですが、どこで電話を受けたかはお客様にとっては一切関係ありません。

「多くの人が通るもので」と言い訳しようものなら、「そんなところで電話を受けるな！」とお叱りを受けるのは明らかです。

中小企業や個人商店の場合、クレーム対応を他の業務と平行して行なうことが多いため、クレームや苦情の電話を受ける際は、直接応対時と同様、対応場所にも気を遣いたいところです。

3 「電話代まで負担して話している」

「折り返しかけ直す」旨をはじめに伝える

お客様からのクレームをフリーダイヤルで受ける場合は、お客様に金銭的負担がかからないため問題はありませんが、一般回線で受ける際は、電話料金の負担について気を配る必要があります。

一般回線や携帯電話からのクレームですぐに解決できない場合、「もともとは、あんたの会社のせい。オレが時間を割いて、そして電話代まで負担して話している。この損害をどう補償するんだ⁉」という話になることが少なくありません。

クレームの電話であれば、まずは「お客様の話をくわしくお聞きしたいので、すぐに折り返しお電話させていただいてもよろしいでしょうか？」といったニュアンスでアプローチすることをおすすめします。

「くわしく話を聞きたい」→「時間がかかる」→「電話代がかかる」とお客様に連想させる言葉を使うのがベターです。

「電話代がかかりますので、こちらからおかけ直しいたします」

とストレートに言うのはできる限り避けましょう。私はこの言葉でお客様を激怒させたことがあります。

お客様が電話をかけてきたときというのは、一刻も早く文句を言いたくて仕方がない状態です。

このため「電話代だと？　なんだその対応は！　これはお金の問題じゃない！」と反発されました。

対応者がお客様の要求に応えることができず、話がこじれてきてはじめて、「これまでかかった電話代と時間を補償しろ！」と言われるのです。

お客様から言われたから、ではなく、電話を受けた最初の時点で提案すること。

そこで、お客様が「いや、このままでいい！」と頑なに言われたら、そのまま対応すればいいのです。お客様が同意したことを確認してはじめて、次のステップへ進みます。

この手順を踏むと、最初にお客様自身が判断（同意）するため、あとから「電話代」と言われる確率は低くなります。これだけでも、会社側がお客様への気遣いを示した形となるのです。

また、名前や連絡先を名乗らない〝嫌がらせ電話〟の抑制にもつながります。

4 「そのときと今回とでは話していることが違う」
録音している可能性を頭に入れておく

私は過去、クレーム対応中に「×月×日に、あなたは○○と言った。そのときと今回とでは話していることが違う。おかしいじゃないか？」とお客様に言われたことがあります。これは、お客様が会話を録音していたというケースです。

数ヶ月前の話を持ち出すお客様はそう多くありませんが、数日間・数週間にわたるクレーム対応の場合、録音されるケースが少なからずあります。

お客様は対応者の発言を記録し、「〝言った・言わない〟の争いにはさせないぞ」と思っています。こじれる場合を想定して、お客様は会話を録音している可能性が非常に高いことをまずは認識しておきましょう。

録音だけでなく、メモを取りながら話していることが電話越しにわかるようなお客様もいらっしゃいます。メモを取っているのは、ときおりお客様の反応が遅かったり、「では、御社は○○ということですね」と、記者のような口調で話すことからわかります。

すべてのお客様とは言いませんが、最初から「お客様は録音している」という想定のもと、担当者は、不用意な発言・暴言を吐かないように慎重に対応することが求められます。

5 「いま何時だと思っているんだ？」

時間帯や連絡先に気をつける

電話する時間帯が遅いという理由で、お客様よりお叱りを受けたこともあります。

クレームを受けてお預かりしていた商品がメーカーから戻ってきたので、早速お客様に連絡をすることにしました。

この商品を預けていたのは、70歳前後の老夫婦。食事どきで、ゆっくりされているだろうと思われる午後7時頃に電話し、「お預かりしていました商品が……」と言いかけたところ、老夫婦のご主人より「いま何時だと思っているんだ？」「そろそろ寝ようとしていたんだ」ときつくお叱りを受けました。

その老夫婦にとって、午後7時は就寝の時間だったのです。

大声で立候補者名を連呼している選挙カーが午後8時まで活動していることから、それまでは社会通念上、大丈夫だろうと思っていました。

商品を預かる際に、〝連絡するのに都合のよい時間〟をお客様に聞いておけば回避できたことです。

具体的には「メーカーより回答がありましたら、すぐにご連絡いたします。ご都合のよい時間帯をお聞かせいただけないでしょうか？」「具体的に、○時頃はいかがでしょうか？」などとあらかじめ伺っておくのです。

対応者の常識は、お客様の職種や年齢によっては非常識なこともある——この点を踏まえて対応することが必要です。

今何時だと思ってるのよ！！
そのお客さん
夜のお仕事！
な、何時って、
もうすぐ
お昼ですけど・・・

電話中に上司や同僚へ助けを求めるには

お客様の話を電話でお聞きしていると、上司や同僚に確認・相談したいことがらが発生することがあります。そんな場合は〝筆談〟などの声に出さない形で、お客様の話を聞きながら、同時進行で行なうのがベターです。

もちろん、上司は電話口には出ていないので、お客様の話している内容はわかりませんので、「～ということですね？」と、隣で聞いている上司にも内容がわかるように会話をすすめましょう。

むずかしければ、電話をいったん保留にして、上司の指示を聞く、もしくは交替することが必要になります。

いいかげんにしろ
バカにしてるのか
ふざけるな
ということですね。

電話応対の基本パターン

①挨拶
「いつもお世話になっております」
「いつもご利用いただきありがとうございます」

②あいづち
「はい」
「さようでございますか」

③お待たせする場合
「少々お待ちください」

④取次ぎなどでお待たせした場合
「お待たせいたしました」

⑤謝罪する場合
「申し訳ございません」

⑥尋ねる・お願いする場合
「恐れいりますが」「失礼ですが」

⑦内容を理解（同意）した場合
「かしこまりました」「承知しました」

⑧電話を切る場合
「失礼いたします」

6 FAXでクレームを受けたら
ケース別対応② FAX編

FAXで送られてきたクレームは、基本的に電話で応対します。

ほとんどの場合、送られてくるFAXにはお客様の電話番号が記入されているので、まずはこの電話番号にかけましょう。

お客様に連絡し、挨拶を交わした後は「この度は、○○の件でご連絡いただきありがとうございます。ご不快な思いをさせてしまい、誠に申し訳ございません。○○についての不具合ということですが、くわしくお話をお伺いしてもよろしいでしょうか？」などと切り出し、〝積極的に伺いたい〟という気持ちを前面に押し出すことが重要です。自信がなければ、「最初に発する言葉や質問事項」を用意しておくことをおすすめします。

FAXに暴言が書かれていることはほとんどありませんが、怒りが文面ににじみ出ていることがあります。

お客様は言いたいことを我慢して、人前に出せる文章にしているのです。お客様が書いたクレームの文章の裏には、不満や言いたいことが何十倍・何百倍とある――そんな気持ちを汲み取り、直接お話をお伺いするという姿勢を必ず表わしましょう。

7 お客様を訪問するには

ケース別対応③ 訪問編

▼訪問時のガイドラインを明示しておく

クレームを受けてお客様を訪問するケースでは、どんなクレームの場合にどのような対応をするかという「ガイドライン」を社内でつくっておく必要があります。

たとえば「お買い上げいただいた商品が不良品であったために訪問する」場合なら

①代金を用意していく
②代わりの商品を持っていく
③原因の報告とその対策をお知らせする

などの行動例が考えられます。

ガイドラインを作成しておくことで、訪問した担当者がその場で対応しやすくなります。対応の遅れはクレームをこじらせてトラブルへと発展する要因となるため、スピーディーに対応できる体制を整えておきましょう。

訪問時に、それ以上の要求があった場合には「一度社に戻って検討いたします」と言って帰社すればよいのですから。

8 訪問したい意向を伝えるには

訪問（訪問のために電話）する際はまず、〝どのような用件で伺うのか（電話したのか）〟を伝えます。

クレームのお詫びだとわかっていたとしても、決してお客様からは口にしません。それどころか、「何の用だ？　私は忙しい」というようなことを言われますが、第一印象でその後の話が円滑に進むかどうかが決まるため、いま一度、「お詫びを含めてお客様宅へ伺いたい」という思い・姿勢をきちんと伝えることが重要です。

「お忙しいところ恐縮ですが、私、株式会社×××のお客様相談室の○○と申します」と名乗った後で「本日（今回）は、○○の件で伺った（お電話した）のですが」というように、用件を簡潔に切り出します。

その後、「いま、お時間はよろしいでしょうか？」と、お客様の都合をきちんと伺います。「大丈夫だよ」と言われればそのまま交渉に入り、断られた場合は「本日何時頃、もしくは、後日でも結構ですが、いつであればご都合がよろしいでしょうか？」と丁寧に尋ねましょう。

9 訪問するタイミング

重要かつ緊急な案件については、「すぐにお会いしてお話を伺いたい」という意思表示をして、お客様の意思確認をいち早く行なうことが重要です。

よくあるのが「いつ、誰が行くか」「こう言われたときにはどうするか」「最終的な妥協点は」――と、いつまでたってもアクションを起こさないという状況。

どれだけ会議を重ねたとしても、100%完璧な対応はできませんから、まずは、お客様の都合のよい日時を伺いアポイントを取りましょう。

はじめの訪問は、事情を確認・把握するための訪問でもあります。

したがって、その場で回答できない案件であれば、「社に持ち帰って検討します」「今回のご意見を踏まえたうえで回答させていただきます」、でよいのです。

住所がわかっていれば、「近くまで来ていますので」と、連絡せずにいきなり訪問することが効果的な場合もあるかもしれません。

しかし、基本は事前連絡です。「ご迷惑をお掛けしたお詫びと事情をお伺いしたいので、お客様のご自宅へ訪問させていただけないでしょうか」とストレートに伝えましょう。

断るための訪問

このように書いている私も、元来、図太い性格ではなく、どちらかというと気が小さいほうだと思います。クレームを聞いている最中は、声はもちろん足もガクガク震えていることが多いのです。

クレームを受けるたびに、悩み考えながら、私なりのスタンスを構築してきました。

私は、クレームにおけるお客様からの補償要求についてお断りする際は、可能な限り、お客様の所へ出向くことにしていました。

お客様が来店されるのを待つ場合は、〝申し訳ない〟という気持ちが先行し、お客様と対面すると断りづらく、気持ちのうえで後手に回ってしまいがちだったからです。

お客様宅を訪問することで、いったんは激怒されても、話をしているうちに「まあ、わざわざこうして訪問してくれたからね」とお許しいただき、結果、誠意を示した形になることもありました。

特に店舗勤務の方は、必要最低限の人員で運営していることが多く、営業時間中に外出できるゆとりは少ないと思います。しかし、営業時間内に行けなければ営業時間外もあります。勤務時間外だからNO……と言われればそれまでですが、そこまでして訪問するからこそ、ご理解いただけることもあるのです。

10 訪問時のマナーとポイント

▼訪問したらはじめに予定時間を伺う

お客様の自宅を訪問したら、最初の段階で終了時間のめどをつけます。

訪問したのが仮に夕方であれば、「いつも何時頃からご夕食ですか？」などと切り出し、その返答を受けて、「それでは○時までお時間をいただきまして。それ以降はまた時間が迫ってからご提案させていただきます」と、最初に対応の期限（リミット）を設定しておくことが重要です。

「本日は何時頃までお時間はよろしいでしょうか？」とストレートに聞いてもいいのですが、私の経験では、お客様に「逃げ腰」と感じられることが多かったように思います。

そして、当初設定した時間がきた時点で、お客様の関心が高い場合や解決の兆しが見えてきた場合は、「お時間がきましたが、もう少し続けさせていただいてもよろしいでしょうか？」とお客様の許可を取りながら進めていきます。

たとえ、上司より「○時までに社に戻ってこい」と指示されていたとしても、交渉前に「○時まででお願いします」と宣言するとお客様に不信感を与えてしまいます。

▼こう着状態に陥ったら、こちらから〝おいとまする〟ための言葉を切り出す

お客様宅を訪問し、かなりの時間が経過し夜もふけてきた、話し合いがこう着状態に陥ったというような場合、訪問したこちら側からおいとまするための言葉を切り出します。具体的には、「本日、お客様からいただいたご意見をもとに、一度社に戻って検討し、あらためてご連絡いたします」というような挨拶をして切り上げます。

お客様はクレームをつけた手前、自分から折れて〝今日のところは〟と切り上げるケースは多くはありませんでした。こちらから空気を察して後日対応に切り替えましょう。

▼電話やトイレは借りない

訪問側は、お客様に迷惑をかけている状況なので、お客様の不快感や怒りを誘うような行為、つまり解決を阻害しかねない負の要因を事前に排除しておくことが重要です。

訪問先では電話をお借りしないように携帯電話を持参します。そして、緊急時以外は、トイレをお借りしないように訪問前にきちんと用をすませておきます。

▼対応は極力玄関先で

お客様からの提案がなければ、玄関口での対応を心がけます。お客様から室内に通された場合にも、部屋の中をきょろきょろと見回すような行為は可能な限り避けましょう。

訪問する際のチェック項目

①お客様へ訪問日時についてのアポイントをとる。
(時間帯：食事どきを避ける)

②問題点や想定される質問についての確認や対策立案。

③持参資料の要・不要を検討。

④手土産の要・不要を検討。

⑤場合によっては、見舞金や示談書などの準備。

⑥近くまできたら一報を入れる。
(お客様にも心の準備や身支度の時間などが必要)

⑦不在時は“名刺”などの訪問したという物的証拠を残しておく。

お客様宅訪問時にお茶は出る？

お客様の自宅（会社）に謝罪訪問し、応接間での対応時にお茶を出されたことはほとんどありません。当方がお客様にご迷惑をかけている以上、「お前に飲ませるお茶はねぇ」と言われているようでもありました。

ごく稀に出していただけることもありましたが、その場合、通常のビジネスマナー通り、お客様より「どうぞ」とすすめられるまでは基本的には飲みません。

しかし、一向にすすめられない場合もあります。こんなときは、せっかく出されている以上、ある程度話が落ち着いてきた時点で「せっかくですのでちょうだいします」と断っていただいていました。

11 手紙・文書のクレームには

ケース別対応④　文書編

▼手紙への基本対応

手紙によるクレームでも、基本的な心構えは電話や対面での対応と同様です。返信用文書を作成する際には、手紙の文面からお客様の考えや気持ちを推測しなければなりません。

文書で送付されてきたクレームは、原則として文書で回答します。

「従業員の対応がよくない」といったケースは文書による回答（手紙など）でＯＫです。その際、回答文書の内容はお客様の主張の範囲内にとどめ、過剰にへりくだったお詫び文は避けるのが無難です。

手紙の場合、電話番号が掲載されていないものが多く、まずは文書での回答をお客様が望んでいることが窺えます。

お客様からの手紙の文面に電話番号が明記されていれば、電話連絡を希望していると考えられますが、そのような場合であっても、内容によっては電話対応よりも、まずは文書での回答のほうがよいと感じられることもあります。

悪意が感じられる内容はもちろん、直接対応を避けたほうがいい案件もあります。あくまでも会社（店）側の判断で行ないます。

一方、不測の事態（事故など）や商品不良、配送の間違いなど、緊急性の高い内容を含むケースで、電話番号が明記されていれば、当然電話対応となります。

電話番号が明記されていなければ、手紙でお客様に〝直接お話がしたい〟旨を、理由とともに明記し、電話番号を伺う文書を作成し送付することになります。送付する際は〝返信用の葉書（切手）〟を忘れずに同封します。

どのような不満があるのか、細かなニュアンスまで把握するには、直接お客様と話すのが近道です。

私はあるとき、商品と「壊れていたので交換してください」とだけ書かれた手紙が同封された荷物を受け取ったことがあります。状況を把握するため、以下の書面を作成しました。

> ○○様よりお送りいただきました商品について、たしかに受領しました。
> もちろん、商品を調査して対応いたしますが、こちらで万全の状態でお客様にお渡

ししたいので、一度ご使用されていた状況などをお聞かせいただきたいと存じます。

お差し支えなければ、○○様の連絡先〝電話番号〟をお知らせいただければ幸いです。同封しております葉書をご利用ください。

もし電話番号を伝えられない事情がございましたら、当社のフリーダイヤル012０−×××−×××まで、ご連絡いただけないでしょうか？

直接お話を伺いたいと希望しております。


この文書を郵送して数日後、お客様から電話がありました。

当初、私は「お客様が購入した商品が不良品で交換を希望されている」と思っていましたが、実際には〝ワンランク上の商品と交換したい〟というのがお客様の要望でした。

調査の結果、商品は初期不良であったため、〝代金の差額を近隣店舗でお支払いいただく〟という条件でお客様の要望に応じました。

このように、実際にお客様のお申し出通りに対応するだけでは、本当の気持ちをつかむことができず、実際に話すことで潜在的な要望を聞きだすことができるケースもあるのです。

▼文書送付例

①一般的な文書での回答例

続いて、一般的なクレームへの返答例をご紹介します。ここでは「店員の態度が悪い」というクレームを例に取ります。

2 0 0×年×月×日

株式会社××××
お客様相談室
室長　××××

○○様

拝啓

ますますご清栄のこととお慶び申し上げます。

平素は、弊社店舗をご愛顧いただき、心より御礼申し上げます。

さて、先日○○様よりご指摘を頂戴いたしました件につきまして、早速、対象となります○○店のスタッフ全員に事情を聞き事実関係を調査しました。

調査の結果、当方スタッフの対応に不手際があり、結果、○○様の心証を害する結果となりましたこと、心よりお詫び申し上げます。誠に申し訳ございませんでした。

今後、かかることのないよう指導を徹底し、再発防止に努めてまいりますので、これに懲りずに、今後とも弊社店舗をご利用いただきますようお願い申し上げます。

敬具

②ポイントを絞って回答する場合

あまり多くのことに対して謝罪すると、文章にまとまりがなくなり、かえってこちらの姿勢が伝わりづらくなります。

そのような場合、「……の中でもっとも反省すべき点は」「……という二つに代表される」などの言葉でポイントを絞って謝罪文を構成します。

お客様に完全に納得いただく回答をするのは困難ですが、できる限りの誠意を言葉で表現するという気持ちで作成することが重要です。

〇〇様

2 0 0 ×年×月×日

拝啓

春暖の候、〇〇様におかれましては益々ご健勝のこととお慶び申し上げます。

平素は弊社××店に格別のお引き立てを賜り、厚く御礼申し上げます。

さて、この度の〇〇の件につきまして、不良品をお渡ししてしまったことにはじまり、代替の品物をお渡しするまでの過程で、弊社が起こした多くの不手際をご指摘いただきましたが、その内容は誠に慙愧に堪えません。

ここで〇〇様がこの度の弊社の不手際を通しまして、ご不快な思いを抱かれましたこと、並びに数々のお手数をおかけしましたことにつきまして、深くお詫び申し上げます。

この度の弊社対応の中でもっとも反省すべき点は、弊社社員に、〇〇様のご満足を真摯に追求しようとする姿勢が見られなかったことだと認識しております。弊社では、長年にわたりお客様第一主義を企業方針として掲げ、励んで参りました。社員には十分な指導・教育を行ない、それを企業風土として培って参ったつもりでした。

このたびの件につきましては、1日も早く○○様のお手元に品物をお届けするために全力をあげて取り組まなければならなかったにもかかわらず、メーカーとの間で最善の解決策を見出すための交渉を十分に行なわなかったこと、代替の品物の到着を○○様にご報告することが遅れたこと、という二つに代表される不手際を起こしてしまいました。

誠に残念ながら、このことは、お客様第一主義の方針がまだまだ全社末端に至るまでに定着していないことが表面化したものだと深く反省いたしております。

弊社では、この度○○様より頂戴いたしましたご意見を貴重な教えとして活かし、常にどうすればお客様にご満足いただくことができるのかを真剣に考え、行動するように社員教育を徹底し、同じ過ちを繰り返すことのないように改善をして参る所存です。

このたびは貴重なご指導を賜り誠にありがとうございました。なにとぞ、今後とも弊社××店をご愛顧賜りますようお願い申し上げます。

敬具

その他の注意点

お客様からの手紙・文書

①差出人と宛名を確認する。（差出人不明の場合は、開封せず担当部署に確認する）

②手紙以外に商品などが入っている場合があるので開封時に気をつける。

③内容物を確認し、受取日時や送付物明細を記録しておく。（メモ・画像など）

お客様への返信文書

①複数の目を通し、文面が適切かどうかや誤字・脱字をチェックする。

②返信した文面は、コピーを取り必ず保管しておく。

12 メールでのクレームには

ケース別対応⑤　メール編

▼メール対応のポイント

メールの対応で注意しなければならないのは、会社（店）側からお客様へ返信したメール本文が、すぐに世間（ネット上、メール転送など）に公開されてしまうリスクがあるという点です。この点をまずは認識しておくことが重要です。

メール対応に限ったことではありませんが、〝相手がどこの誰なのか〟がわからない段階では、特に慎重に対応することが求められます。

考え方の基本は、会社（店）とお客様という1対1の対応ですから、相手を特定する努力がまず必要です。

メールアドレス（特にフリーメール）しかわからない状況下であれば、あらためて相手の氏名・住所・連絡先などの情報を含めた質問のメールを「くわしい状況をお伺いしたい」と明記して送信することになります。

これには〝言いがかり〟や〝いたずらメール〟を抑制する効果もあります。

「スタッフの対応で気分を害した」などの苦情メールは、メールのやり取りだけで、その多くが解決しますが、法律に抵触する可能性のある場合や、お客様が怒り心頭である様子がメール本文から判断できる場合は、メールではなく電話対応を心がけます。

メールではリアルタイムでのやり取りができないうえ、文章だけでは細かいニュアンスをお互いに伝えたり把握することが困難で、そこに誤解が生じる恐れがあるからです。

直接お詫びしたい場合は、メールでお客様に許可をもらってから電話をかけます。

しかし、〝当店で購入された商品によってお客様にけがを負わせた〟など、一刻も早く事実関係を確認しなければならない場合は、メール本文に電話番号が記載されていたら、すぐに電話をかけます。

そこまでの緊急性はないものの、電話対応のほうがよいと感じた場合は、メール本文にお客様の電話番号が明記されていなければ、まずはメールでお客様の電話番号を伺い、許可を得てから電話連絡を行ないます。

メールでやりとりする際、相手がメールを開いたかどうかがわかる「開封確認メール」を送ることは厳禁です。そのようなメールが来ると、社員・友人間でも不愉快な気持ちになるのに、お客様が見たらどう思うかは明白です。

対応の基本は、お客様が不快に思うことは可能な限り避ける。そのためには、お客様の気持ちに配慮した対応が必要だということです。

クレーム解決後は、お客様に感謝を伝える〝お礼のメール〟を送信しましょう。

▼第三者のフィルターをかけすぎてもNG

企業（店舗）によっては、お客様へのメールや文書を返信する前に、第三者による二重三重のチェックをしているところもあると思います。

第三者チェックは、誤字脱字や、内容に不適切な部分がないかをチェックするためには必要なのですが、度を越してしまうと、事情をくわしく知らない人にまでアドバイスを求めることで、誠意のない文章に修正されてしまうこともあります。

バランスがむずかしいのですが、相手に伝わらなければ謝罪する意味がありません。この点に留意したうえで、メール本文を組み立てることが必要です。

クレームメール返信例

①商品不良のクレーム（電話対応をお願いする）

件名：ＲＥ：【○○様　××ショップより】○○商品の不具合について

○○様
こんにちは。私は××ショップ店長の山本貴広と申します。

このたびは、○○商品の件についてご連絡いただき誠にありがとうございます。

また、いつも当店（当社）をご愛顧いただき誠にありがとうございます。


弊社の提供する○○において、○○様にご不便かつご不快な思いをさせてしまい、誠に申し訳ございません。

つきましては、○○様にくわしく事情をお伺いさせていただきたく、あわせて当方からもご説明させていただければと希望しております。

当方からご連絡を差し上げたいので、○○様のお電話番号と都合のよい時間をお知らせいただけますでしょうか。


誠にお手数をおかけしますが、何卒お願い申し上げます。
○○様からのご返信を心よりお待ちしております。

××ショップ　店長　山本貴広

自分の連絡先

>○○○○○○○○○○○○○○○○○○○○○○○
>○○○○○○○○○○○○○○○○○○○○○○○

お客様からのクレーム内容はそのまま残す

②商品価格の表示誤りによるクレーム（返金・謝罪訪問対応）

件名：【○○様　××ショップより】商品価格の誤りについてのお詫びとお願い

○○様

私、××ショップ店長の山本貴広と申します。

いつも当店をご利用・ご愛顧いただきまして誠にありがとうございます。


×月×日のお買物時、○○様にご不快な思いをさせてしまいましたこと、誠に申し訳ございませんでした。

事実関係を調査した結果、○○様のご指摘の通りでした。

以前にも値札の表示間違いがあったとのこと。

私どもといたしましても、この問題を真摯に受け止めております。


通常であれば、○○様のようなお申し出もなく、無言で去っていかれるお客様が大多数であることも認識しております。

今回、○○様よりお申し出をいただくことで、私どもの対応が不適切であったことに気づかせていただき心より感謝しております。


今回の件につきましては、早急に差額のご返金をさせていただきたいと存じます。

お手数をおかけし、誠に恐縮ではございますが、○○様のご連絡先（住所・電話番号）とご都合のよい時間をお知らせいただけますでしょうか？

お伺いさせていただき、○○様に心よりお詫び申し上げたいと希望しております。

また、今後の対策といたしまして、値札をとりつける際は、必ず、価格リストとの照合を行なうとともに、レジでの確認もあわせて徹底するよう指導いたしました。
今後このようなことのなきよう十分に気をつけてまいりますので、これに懲りずに、今後とも当店をご利用いただきますようお願い申し上げます。

××ショップ　店長　山本貴広

自分の連絡先

>○○○○○○○○○○○○○○○○○○
>○○○○○○○○○○○○○○○○○○

お客様からのクレーム内容はそのまま残す

③商品の価格表示ミスによる返金（ネットショップ編）

件名：【○○様　××電器より】“××”の価格表示ミスについてのお詫びとお願い

○○様

ご返信、誠にありがとうございます。
毎度ご利用ありがとうございます。××電器店長の山本と申します。

このたびは、商品“××”の価格違いの件につきまして、○○

様に多大なるご迷惑をおかけして誠に申し訳ございませんでした。

弊社WEB更新作業時に十分な確認体制が整っていなかったのが、今回のような事態を引き起こしてしまったと考えております。

今後、このような事態を起こさないためにも、WEB更新時の作業形態を見直し、二重三重の確認作業をしていくことをお約束いたします。

今回はお客様のご期待を裏切ることになり、深くお詫び申し上げます。


個人情報の管理につきましては、万全の体制で管理・運営をしておりますので、○○様どうぞご安心ください。

お客様の信頼を回復していくために、従業員一同、今回のことを肝に銘じて精進して参りますので、今後とも「××電器」をご利用いただけますよう心よりお願い申しあげます。


また、今回の件につきましては、心よりお詫び申し上げるとともに、誠に勝手ではございますが、ご返金させていただきたいと存じます。
○○様、すでにご入金済みとのことですので、現金書留か銀行振込で代金をご返金させていただきます。銀行振込をご希望であれば、お手数ですが、ご返金先銀行口座をお知らせ願えますでしょうか。

（下記フォーム、ご利用ください。）
　銀行名：
　支店名(フリガナ)：
　口座種類：
　口座番号：
　口座名義：
　お電話番号：

○○様に多大なるご迷惑をおかけいたしましたことを深くお詫びいたします。
誠に申し訳ございませんでした。

××ショップ　店長　山本貴広

（自分の連絡先）

>○○○○○○○○○○○○○○○○○○○○○○○○
>○○○○○○○○○○○○○○○○○○○○○○○○

（お客様からのクレーム内容はそのまま残す）

メール対応の基本

①明確な返答ができなくても、まずは“受領確認の通知”だけでも返信する。

②文書での回答と違い、シンプルで明確な内容を心がける。

③文字化けに注意する。テキスト形式で送信する。

④携帯への返信メールであれば、携帯電話会社ごとの“最大文字数”に注意する。

13 掲示板に書き込まれたクレームには

ケース別対応⑥　掲示板編

自社（店）のホームページの掲示板に誹謗中傷を書き込まれた場合、苦情・要望はお客様相談室のメールアドレスへの送信をお願いし、基本的には、ホームページ上に掲載している〝利用規約〟にしたがって削除します。

（事務局からのお知らせ）
利用規約に基づき、投稿Ｎｏ．○○は削除いたしました。
弊社商品やサービスについてのご質問・ご意見がございましたら、下記アドレスに直接ご連絡ください。折り返し個別に回答させていただきます。（info@○○○○.co.jp）

事前に掲示板の〝利用規約〟を作成し、利用目的や禁止事項をホームページ上に公開しておきましょう。

ネット上でのクレーム対応窓口がわからなかったという理由で、稀に商品・サービスの苦情が、お客様から掲示板に書き込まれることがあります。

当然のことながら、他のお客様の目にとまってしまうと、マイナスの企業（店舗）イメージを持たれてしまいます。

したがって、掲示板の主旨や目的とは関係のない誹謗中傷の書き込みがあった場合は、基本的には掲示板の主旨・目的を伝えて削除します。

苦情やクレームの書き込みを放っておくと、しだいに書き込みがエスカレートしていきます。

仮に、商品・サービスに対しては満足しているという人であったとしても、心の中では、ちょっとあの店員の態度が気に入らない、といった不満が少なからずあるものです。

それが発展し、「私の知り合いも○○店の店長にひどい目にあった。そんな対応を許していいのか？　この場（掲示板）で企業からの回答を待つ」と、投稿者が一方的に掲示板を議論の場にしようとしてきます。

匿名で書き込みができることで、いつも以上に強気（過激）な発言や暴言が繰り返されるのです。

安易に口を挟むことでお客様を刺激するのを避けたい場合は、誹謗中傷の書き込みが終息するまで待ってから、責任者がコメントを発表する方法もあります。

「基本は削除」と言われても、「勝手に削除してしまうと、お客様に対して印象が悪くなるのではないか？」と危惧される方もいるようですが、削除しない場合、バランス作用が働くためか、こちら寄りの味方が現われることもあります。

匿名というメリットを活かして、企業側の担当者が匿名で企業寄りの意見を書き込む場合もあるでしょう。「あなたの気持ちはわかるが、ここは○○用の掲示板だ。ここで議論するのは筋違い。窓口があるのだから直接言ったらどうか？」というようにです。

お客様同士の議論がはじまると、終息するまで待つことになります。

この場合、ある程度終息した段階で、ホームページ担当部署の責任者からのコメントを発表し、「利用規約にしたがって掲示板から削除する」旨を通知し削除する、という流れになります。

誹謗中傷の書き込みを放置しておくと、はじめての訪問者に「この会社の掲示板には、クレームや苦情を書き込んでもいいんだ」という印象を持たれかねませんし、定期的に掲示板が荒れます。特別な理由がなければ、原則削除を心がけましょう。

4章 クレームが発生したら

応用編

1 閉塞状況を打開する「三変対応」

話が閉塞状況に陥ったりこじれた場合に、状況を打開するための方法があります。それは、「人を変える」「場所を変える」「時間を変える」の3点です。

▼人を変える

私がお客様相談室の担当となったときの年齢は、30歳そこそこ。そして役職は係長でした。このため、お客様の多くは、私より年齢が上の方でした。

もちろん、社会経験（年数）も上。中には成功され、社会的な地位や名誉もある、何かしら一家言お持ちの方も多かったのです。

クレームがこじれた場合にお客様からよく聞かれるのが、対応者の「年齢」と「役職」。お客様が「あなたは若いようだね。何歳なの？」「役職は？」と聞き、回答がお客様の予想より若い年齢や役職であった場合、「その年齢（役職）じゃあねぇ……。もっと上の人いないの？」「その年齢（役職）じゃ、あなた責任取れないでしょ」と強く言われることもありました。

「役職」は特に重要で、地位が低いほど、お客様はなかなか相手にしてくれません。私もただちに肩書上位の人間への交替を要求されることが多くありました。

「あんたの役職（年齢）じゃ、責任取れないでしょ」としつこく言われるお客様もいらっしゃいますが、そのようなお客様に対しても毅然とした対応をすれば、話を聞いていただけます。

「責任とおっしゃいますが、何のお話も伺っていない段階では何もお答えできませんし、もちろん（上司に）替わることもできません」

と言った後に続けて、

「お客様のご意見をお伺いするのが私の役割です。責任を持ってお客様のお話をお伺いさせていただきます。お話を伺ったうえで、私で責任をはたすことができなければ、もちろん上司に掛け合います。お話しいただけないでしょうか？」

このように対応者の強い意志・覚悟を持って対応すると、大抵のお客様がクレームの内容を話してくれます。

まずははっきりとあなたの覚悟を表明するのが、私の経験からするとベターな対応です。「対応に責任を持つ」という覚悟のある担当者でなければ、お客様の信頼を得ることはなかなかできません。

それでも、お客様が納得されなかったり、クレームの内容が、法律に抵触するようなむずかしい案件であるなど、担当者の手にあまるようであれば、そこではじめて肩書き（経験・年齢）上位の上司に交代することを考慮します。

しかし、緊急時を除き、その場ですぐに変わることは避けるのが無難です。

可能な限り、上司は〝外出していて不在〟であることを伝えるとともに「連絡を取ったうえで、折り返し連絡する」という対応をとります。

「ただいま、上司は外出中なので、すぐに連絡を取り○分以内にはご連絡いたします」と説明して時間を置くことで、上司が状況を把握する時間と、お客様がクールダウンする時間を確保できます。


クレームは、肩書上位であれば簡単に解決する問題もあります。しかし、何でもすぐに上司に振れば、すぐに解決するというものでもありません。あなたという担当者を、クッションとして仲介してはじめて、上司や肩書きの威力が効力を発揮するのです。

結果的に、上司の段階で解決したとしても、それは、あなたという担当者が間に入ったことで、解決することも多々あるはずです。

つまり、組織の総合力で解決したクレームなのです。

あなたが、お客様からの非難・怒声によるサンドバッグ状態になったとしても、それはクレームを解決するうえで重要な役割を持っていることを忘れないでください。

▼時間を変える

時間を変えるとは、お客様からのお電話やこちらからの訪問に対して「折り返しの電話にする」「いったん帰社して、後日あらためて訪問する」など、時間をずらして仕切り直す場合を指します。

電話口でだらだらと待たせてお客様のイライラを誘発するよりも「すぐに調べて折り返し連絡します」という折り返し電話のほうが事態を悪化させません。

その日のうちに、その場で、1回の応対でクレームを解決しなければならないという先入観を捨てましょう（企業の信用・補償問題のための早急な解決を求められるような特別な場合を除く）。

お客様がその場で〝誠意ある謝罪〟と〝スピード対応〟を求めているのは事実です。しかし、返答するまでに、どうしても時間がかかることもあります。その場合は、「誠に申し訳ございませんが、今週いっぱいは調査のための時間をいただきたいと考えております。期限につきましては、2日後の〇日にお客様へ連絡し、ご相談したいと思います」

と、後日あらためて連絡するという対応も必要です。

次のアクションを明確に伝えることで、お客様に納得していただけます。

▼場所を変える

「場所を変える」とは、「受付・カウンター・売場などから事務所など別室へ移動する」「電話対応からお客様宅への訪問へと切り替える」ことを指します。

企業（店舗）にクレームを申し出る行為というのは、お客様にとって勇気や覚悟を必要とします。お客様は〝みずからの言い分（主張）は正しい〟という正義感を持って来社（来店）、もしくは電話されてきています。

特に、来社（来店）時の対応においては、他のお客様やスタッフの目がある以上、いったん怒りを表明したら、引くに引けない状況になってしまいがちです。

小売業では、人件費抑制のために、必要最小限の店舗人員で営業していることも多く、〝事務所などの別室〟で対応すると売場人員が不足し、営業に支障をきたすことになると感じている方もいらっしゃるのではないでしょうか。

その場合、状況をみて、人員が揃っていれば事務所へ、そうでなければ、売場（他のお客様に迷惑をかけないスペースなど）で対応することになります。

それで解決がむずかしい場合に、あらためて〝後日、お客様宅へ訪問する〟などの対応をお客様に提案することになります。

2 「社長を出せ！」と言われたら……

こんなときどうする？ その①

前項の「人を変える」でも触れましたが、「社長（責任者）を出せ！」と言われて、「はい」と二つ返事で、社長もしくは上司に交代してはいけません。

激昂されているお客様であれば、会社や店の受付でいきなり「社長を出せ！」とおっしゃいます。そこで担当者に交代するわけですから、お客様の第一声は「お前が社長か？」です。

もちろん、担当者は社長ではありませんので、「私は、お客様相談室の○○と申します」などと名乗ります。

そこで、まずはお客様の一発目の激怒があります。

「オレは社長を出せ！　と言ったんだ！」（怒声）

しかし、担当者はこれに負けてはいけません。

お客様に「社長を出せ！」と強く言われても、担当者は、「私が責任を持って、お客様のお話をまずお聞きするように任命されております。事情をお伺いさせていただけないでしょうか？」

などと食い下がり、必ずお話しいただくようお客様にお願いするのです。

安易に口に出してはいけませんが、「(社長に)代わることはできない」、そして「私がお客様の申し出に真摯に対応する」という強い意志を持つことが重要です。

実際に、私は社長に交代したことはありませんし、上司にすぐに交代するようなこともありませんでした。

仮に、お客様が怒鳴り、わめき散らしたとしても、ある程度不満を吐き出せば落ち着かれ、ご理解いただけます。お話いただくことは可能なのです。

3 対応を引き継ぐ場合は

こんなときどうする？ その②

「自分の手に負えない」となったら、上司や他の担当者に代わる必要も出てきます。

このようなときは、

「よりくわしい担当者（責任者）に変わりますので、いましばらくお待ちいただけますでしょうか？」

などとお客様の許可（同意）を得たうえで交代しましょう。

お客様の話を聞き終わるやいなや、「少々お待ちください」とだけ言い残して、ぱーっと走って上司を呼びにいく方や、「責任者を出せ！」と言われてすぐに、「店長～！」などとその場で呼ぶ方を見かけますが、これはいけません。

「恐れ入りますが、どういったご用件でしょうか？」と、まずはお客様にお伺いしましょう（前項参照）。

お客様から「この商品、昨日買ったばかりなんだけど不良品じゃないの？」ということだけでも聞き出せれば、店長に交代する際、「昨日購入された○○という商品が不良品だったというクレームでお客様が来店されています」と報告することができます。

報告を受けて、スタッフから対応を引き継いだ店長（上司）は、ここでは、「先日、ご購入いただいた商品に不具合があったと伺いましたが……」と会話を切り出します。つまり、お客様に同じ話を二度させることがないように、お客様がスタッフに話した内容を正確に、上司に引き継ぐことが重要です。


お客様に関する情報がまったくない状況下で、クレームに対応する責任者（店長）の立場になって考えてみれば、ご理解いただけると思います。

店舗（組織）全体でクレームを受け止め、解決していこうという姿勢が大事なのです。

4 迅速な対応をアピールするには
こんなときどうする？ その③

お客様は、ご自分の申し出について、会社（店）側がきちんと対応していないと感じた場合に不満を募らせます。このため、適切に迅速に対応していることをわかりやすく伝えると、お客様の不満を解消することにつながります。

できるだけ、お客様のための〝何らかのアクション〟をその場で実行するように心がけましょう。

たとえば、あなたの経営する店舗の商品が、〝これは不良品ではないか？〟ということで、購入された翌日に持ち込まれたとします。

クレームとして持ち込まれたのですが、製造上の不良なのか、お客様の使用上のミスなのか、どちらに過失（落ち度）があるのかわからない。

したがって、当然調査する必要がありますので、いったんお預かりして、製造元であるメーカーに検査依頼することになります。

実際にその場で商品をお預かりするわけですが、そこで、対応者がお客様の気持ちを察し、その場でお客様のための何らかのアクションを起こすことが、お客様からの信頼を獲得することにつながります。

仮に、クレームを受けた時刻が午後7時を回っており、すでにメーカーも閉まっている時間であったとしても、お客様の目の前でメーカーに問い合わせます。

そこで、メーカーの営業が終了していたとしても、

「連絡してみましたが、すでに営業は終了しておりました。また明日の朝一番にメーカーに連絡し、早急に対応いたします」

と言えばどうでしょうか？

実行するのとしないのとでは、対応者への信頼度は明らかに違ってきます。

クレーム対応の基本は、お客様のための〝ひと手間〟を惜しまないこと。

お客様の信頼を得るには、スタッフ全員が「いま何をすべきか？」を自問自答し、できることはその場で実行する「行動力」が重要なのです。

5 「言った」「言わない」のトラブルを防止するには

こんなときどうする？ その④

▼お客様の言葉を復唱する

お客様のお話を伺う際は、相手の言葉を復唱することが重要です。それが「お客様の話はきちんと聞いていますよ」というメッセージとなるからです。

また、復唱することには、会話の内容をお互いに確認する意味もあるため、「言った」「言わない」のトラブルを事前に防止する役割もあります。

この場合は、お客様の発した言葉をそのまま返すことが原則です。

お客様　「お宅のスタッフが、〝○○は次のセールで安くなる〟と言っていたのに、ならなかった」

対応者　「弊社スタッフが、〝○○は次のセールで安くなる〟と申していたのですね」

お客様の発言されている内容がよくわからない場合もあります。

たとえば、お客様が「お宅のスタッフが、セール時にちょうどいなかったのよね」と発言されるようなケース。これに対しては、「弊社スタッフがいなかったというのは、安くなると申した○○のことでしょうか？」などと復唱しながら質問します。

不明点をお客様に質問する場合は、「お客様がおっしゃった〝××の部分〟がわからない」というように、疑問点を部分指定したうえで質問します。

復唱時によく起こるミスが、〝専門用語〟や〝業界用語〟への〝言葉の置き換え〟です。一般の方にも理解できる言葉を使うように気をつけましょう。

▼対面での対応・交渉は複数で行なう

密室（会社事務所やお客様自宅など）での1対1の対応（交渉）でも、後日、〝言った・言わない〟の問題が発生しがちです。

密室での対応では、1人がメインの交渉役、1人は記録・連絡係という役割分担で、2名以上で行なうことが基本です。

交渉の過程では、お客様が高圧的になることが多いうえに、こちらにも何らかの落ち度があるため、対応者は心理的圧力によってしだいに追い込まれていくことが多いのです。

このため、1人が席を立って、2人きりになったとたんに、通常の規定より高額の補償をお客様に支払うことになってしまったケースも過去にありました。

当初、善意のお客様であったとしても、ときには感情が暴走し、法外な要求をされることもあります。複数名で対応することで、プレッシャーを軽減できます。

6 話が本題からそれたら

こんなときどうする？ その⑤

お客様がクレーム内容を説明している状態というのは、たとえるなら、〝不満を箇条書きにしたもの〟を次から次に話している状況です。

このため、会話の中で突然、お客様の話が思わぬ方向に飛ぶことがあります。

実は、これは企業（店）側が勝手に〝違う方向に話が飛んだ〟と思っているだけで、お客様にとっては必然的な流れなのです。したがって、すぐに本筋に戻そうとするのではなく、お客様の発言の意図を推測することが必要です。

話を遮ると、お客様の気分を害してしまい、問題をより複雑にしてしまいます。たとえ論理的にお話しいただけない状況でも、ぐっと我慢し、お客様の話が落ち着いたところで本筋へと戻すようにします。

いったん話の区切りがついた時点で、あいづち（「なるほど」など）を入れ、「その件につきましては、誠に申し訳ございませんでした。先ほどの○○の件ですが、もう少しくわしくお伺いしてもよろしいでしょうか？」とお客様の了解を得たうえで、本筋へと話を引き戻していきます。

7 受けた責任を伝えるためには

こんなときどうする？　その⑥

　お客様対応、特にクレーム対応の場合、「私は、店長の○○と申します」などと「まず名乗る」ことが大切です。

　名刺があれば最初の対応時に渡しておくこと。

　〝悪用されるのでは〟と危惧される方もいらっしゃいますが、私の経験では、渡さなかったことによるトラブルのほうが多くありました（「私（＝お客様）は名乗ったのに店側からは名刺すらもらえなかった。お宅はどういう指導をしているの⁉」というお叱りなど）。

　対応を引き継ぐ場合や電話を切る間際にも「私××が、○○様のお申し出を承りました。その他、ご不明な点がございましたら、何なりとおっしゃってください」と、担当した〝あなたの名前〟を再度名乗ることで、あなたやあなたの会社への印象はよくなります。

　クレームだけでなく、通常の問い合わせに対しても、会社（店）側の対応者が名乗ることでお客様から信頼していただくことにつながります。

8 事実確認をも許していただけない場合は

こんなときどうする？ その⑦

お客様のお話をひと通り聞いたうえで、こちらから「まず事実確認をさせていただきたい」と申し入れても、お客様が頑ななまでに聞き入れてくれないことがあります。

「（当方が不快な思いを与えた）当時の状況を確認して、ご連絡差し上げます」と言うとお客様からは「いや、間違いない。私は嘘を言ってないからね」と、〝確認しなくてもわかるだろう？〟というニュアンスのことを言われることもあります。

対応を誤ると「私が嘘をついてるとでも言うのか！」と、こじれることもあります。

しかし、実際にはお客様の言葉だけで安易に対応できないケースがほとんどです。

なぜなら、補償問題に絡んでくる案件の場合、〝責任の所在〟がどちらにあるのか、クレームの原因が特定できない段階では、対応策・解決案の提示ができないからです。

このため、明確に当方に非がある、スピード対応しなければならないような案件を除いては、まずは事実関係を確認する必要があります。

事実確認する場合は、お客様の気分を害さないように気をつけることが必要です。

具体的には
「○○様の言われる通り、間違いないとは思います」
と、いったんお客様の意見を肯定したうえで
「間違いないとは思いますが、念のため、当時の状況を確認して、○分後に、必ずご連絡差し上げます」
と続けると、大抵の場合、納得・了承していただけました。

それでも、〝現場への状況確認すらさせていただけない〟ということであれば、ここではじめて〝状況を確認させていただかないと対応できない〟という理由・根拠の説明を行なうことになります。

はじめから、「お客様の言い分もわかりますが、当方としては確認させていただかないと……」と頑なな対応をすると、お客様の神経を逆なですることにもなりかねません。

また、対応者が論理的にねじ伏せようとすると、お客様は引くに引けない状況に追い込まれ、余計にこじれる場合もあります。

悪意を持つお客様でなければ、お客様の申し出を部分的にでも一度肯定してから当方の主張を伝えると、円滑に話を進めることができます。

▼お客様の話を聞き直すには

「聞き取れなかった部分をそのまま放置しておくこと」も、クレーム対応における「してはならないこと」のひとつです。

聞こえない部分があれば、会話がいったん落ち着いた段階でお客様へ聞き直します。その場では、さらっと聞き流していたにもかかわらず、後から

「先ほどの○○の部分が少し聞き取れなかったのですが」

と言うと、お客様は「それじゃあ、理解できていない状態で会話を続けてきたのか」と、不快に感じます。

聞き取れない部分をそのままにしておかず、話の切れ目ですぐ、

「○○様、誠に申し訳ございません。いまの〝○○について〟聞き取れませんでしたので、お手数ですが、もう一度お聞かせ願えますか？」

と聞き直しましょう。

9 クレームが〝お客様の勘違い〟だったら
こんなときどうする？ その⑧

ときには、〝お客様の勘違い〟によるクレームも発生します。

罵声をさんざん浴びせられた結果、クレームが〝お客様の勘違い〟だったとすると、クレーム対応に慣れていない方は、頭にきて〝ムカッ〟とすることでしょう。

嫌みのひとつも言いたくなると思います。

実際に私が経験した中には、

「いや～、ごめんね。この店ではなくて、○○店で買った商品だったよ」

と、クレームの原因が、〝競合店で購入した商品〟だったというケースがありました。

それまでさんざん罵声を浴びせられていたため、間違いなく腹は立ちます。

しかし、そこはぐっとこらえて「解決してよかった」という気持ちをお客様に伝えましょう。

お客様自身、もうすでに〝私の勘違いからクレームを言って悪かった〟と反省しているのですから、それまでのお客様の言葉について言及するのはやめましょう。

よけいなひと言は、お客様の別の怒り招きかねません。

「こちらは謝ったんだ！　それになんだ、お前のいまの発言は‼」と、怒りの矛先が別の方向に向けられてしまいます。

当方に１００％落ち度がないとも言い切れませんし、お客様も、さんざん文句を言った手前、素直に謝ることができない場合が多いのですから、その気持ちを会社（店）側の対応者が汲み取りましょう。

10「いますぐ結論を出せ！」と言われたら

こんなときどうする？　その⑨

「私は忙しい！　早くしろ！　これから大事な仕事がある」「お前に私の仕事の責任が取れるのか⁉」「私の時給、いくらすると思っているんだ⁉」「お前の首を飛ばすくらい、なんてことないんだぞ‼」

このような発言の後に

「いますぐ結論を出せ！」

と言われる場合がありますが、動じてはいけません。

お客様を不快な気持ちにさせたことや、お手数をおかけしたことについては真摯にお詫びしたうえで、

「事実関係を調査し、○月○日までには、必ずご返答いたします」

と、期限を区切る形で今後の予定を明確に伝え理解を求めましょう。事実関係を確認し、〝過失（落ち度）〟と〝因果関係〟を調査する時間を確保することが大切です。

しかし、明らかに当方によるミスでお客様に損害を与えた場合は、その場で判断し、対応にあたることは言うまでもありません。

11 「調査してお宅に責任があったらどうするんだ!?」と言われたら

こんなときどうする？　その⑩

「〝調べてから対応する〟と言うが、もし調査してあなた方に過失があったらどうするの!?　そのときはただではすまさないよ！」「いますぐに補償しろ!!」とお客様に詰め寄られることもあります。

しかし、企業側に明らかに責任が発生している場合を除き、責任の所在がどちらにあるかわからない状況では「ただちに補償」というわけにはいきません。

お客様の言葉に動じることなく、「事実関係を調べるのが先」という基本姿勢を貫きましょう。

このような場合、お客様を不快にさせたことをお詫びしてから、

「きちんと調べたうえで、当社に責任があるということでしたら、そのときはきちんと対応させていただきますし、しかるべき所に持ち込まれても仕方ありません。私どもも真摯に受け止めます」

と、お客様に配慮した形で丁寧に対応します。

当方にも落ち度がある可能性が高いので、ぞんざいな対応はせずに、〝誠心誠意対応し

ます〟という姿勢を、お客様へきちんと伝えることが重要なのです。

▼「どうしてくれる?」と言われたら

「どうしてくれる?」という言葉をお客様から言われることもあります。

会社(店)側の出方を窺っている状況です。

会社(店)側の過失(落ち度)が明らかで、その場で対応する必要のある案件以外であれば、「調査したうえで全力で対応させていただきます」と伝えるにとどめます(〝不快な気持ちやご迷惑をおかけしたこと〟についてはきちんとお詫びしたうえで)。

このような回答をしても、それ以上のこと、つまり過剰な補償はできません。

あくまでも、「(調査)結果を踏まえてご提案(相談)させていただく」という言動にとどめましょう。

12 これ以上の要求には応えられない場合

こんなときどうする？　その⑪

こじれにこじれ、会社（店）側の条件をどうしてもお客様が受け入れない。法律に照らし合わせても、これ以上の要求には応えられない――そんなレベルにまで達している場合、「検討します」とは言わないほうが無難です。

なぜなら、〝お客様の意向に沿うようにします〟と受け取られ、お客様に期待を持たせてしまう可能性が高いからです。

その結果、お断りすることになれば、お客様は期待を裏切られたと感じ、激怒するのは明らかです。

たとえ、会社（店）側が検討するにしても、次のような言い回しを使いましょう。

「**これ以上は無理だとは思いますが**、その点をあくまでもご了承いただいたうえで、上司といま一度検討させていただきます」

と、〝応えられない可能性が高い〟条件つきの検討だということを明確に伝えることが重要です。

13 以前の案件について説明を求められたら

こんなときどうする? その⑫

お客様から受けたクレームや要望で、すぐに改善できない項目については通常、「今後の検討事項とさせていただきます」と答えることが多いと思います。

お客様から「以前、要望した○○の件はどうなっているんだ?」と突然尋ねられて、「いゃあ、(本部・上司には)言ってるんですけどねぇ」と、まるで他人事のように発言していては、お客様から信頼されることはありません。

このような場合、語尾をぼかすことなく

「お客様からのご意見は、1ヶ月前にすでに提案しております。しかし現在、コストの関係で保留となっております。申し訳ございません」

と、過去にお客様から要望のあった案件については〝責任ある回答〟ができるように日頃から心がけておきましょう。

お客様は、働くスタッフや店舗・事業所の雰囲気から企業姿勢を感じ取るものです。

5章 クレームが起こる前に

クレーム対策、まずは予防

1 クレーム発生へのカウントダウン

14ページでも触れましたが、お客様は突然怒るわけではありません。不満が積み重なった結果、怒りを爆発させるのです。

特に、マスコミ沙汰になるような大きなトラブルは、突然降ってくるわけではありません。必ず、小さなほころび（兆候）があったはずです。一般的なクレームも同様です。

仮に〝小さなほころび（兆候）〟に気づいていたとしても、「たいしたことないだろう」「今までもなかったのだから」と、各自の経験則で判断しがちです。

〝みんなマニュアル通りに行なっていないけど、それでいいんだ〟という積み重ねが、いつのまにか、その会社（店）では暗黙のルールとして一般化してしまい、誰も疑問を持たなくなる。それが外部の人間が見ると明らかにおかしいことであっても――そうなると、クレームが起こりやすい企業・店となってしまいます、

多くの社会問題化した事件は、想定される負の面を予測し、事前に対策を講じていれば防げるケースが多いのは明らかです。組織全体が〝ゆでがえる〟状態に陥らないように気をつけましょう。

2「対応指針」「判断基準」を作成しよう

「クレームは個別対応が原則だ」とよく言われます。

たしかにその通りなのですが、「とりあえずお客様の話を聞いて、とりあえず謝っておきなさい」とだけ指示する方がいらっしゃいます。

そのような場合、クレームの対応経験が浅い方は「とりあえず、謝れったって。責任を追及されたらどうすればいいの？」と不安になるでしょう。

実際に、お客様の鋭い指摘にたじたじとなり、「すみません」の連呼となってしまう。それがお客様をますます怒らせることとなり、話がこじれていく――という悪循環に陥りがちです。

また、ある程度慣れた人であっても、お客様からクレームを受けると、精神的にプレッシャーを感じることから、当たり前（常識）のことでも誤った判断・対応をしがちです。

このため、クレームを予防するためには、事前に明確な「対応指針・判断基準」を設定して、個人（現場）が判断しやすい環境を整えておくことが重要です。

判断基準をあらかじめきちんと明示しておけば、対応に迷ったときに原点（基本）に戻ることができるのです。

〝対応指針〟とは、会社（店）としての対応姿勢・方針を文書として明記したものです。「クレーム対応は、あらかじめ指定されたものを除き、現場責任者が会社（店）方針を十分に考慮したうえでその場で判断する」といったように明文化しましょう。

〝判断基準〟は〝個人（現場）で判断できる裁量範囲を明示すること〟からはじめましょう。「個人（現場）判断で、すべてにおいて無条件で対応する」という究極の対応はできなくても、会社（店）に合わせた判断基準を設定すればいいのです。

その際は、特に現場責任者の裁量の上限となる金額（5万円以内など）を設定するだけでなく、返品の可否基準などの大まかな基準も明示します。指針や基準はひと目でわかるように作成しましょう。


個人（現場）裁量の基準がないと、すぐに解決可能な案件でもいちいちお伺いを立てることになります。スピード対応ができず、結果、お客様に不満を抱かせるという悲劇が起こります。

したがって、指針や基準を設定し、責任の範囲内である程度自由に判断できる環境を整えることが必要です。それが現場（個人）の対応力強化にもつながっていきます。

クレーム対応の〝玄人〟と〝素人〟

　クレーム対応における〝玄人（ベテラン）〟と〝素人（ビギナー）〟の対応の違いは、「判断」と「決断」の割合で表わすことができます。

　ここで言う「判断」とは、過去の経験や豊富な知識を基準に、どう対応するのかを決めること。したがって、判断した対応結果が大きなトラブルへ発展することは極めて少なくなります。

　一方、ここでの「決断」とは、〝賭け（ギャンブル）〟に近い意味。業務における知識・経験が少なく、〝おそらくこうだろう〟という不確実な根拠に基づいて決定することを指します。そこには結果責任を伴う覚悟が必要になってきます。

　対応の玄人（ベテラン）は、経験や知識が豊富なため、過去の経験則から判断することが多いため、精神的負荷も少なく、かつ、大きく誤った対応をすることは稀です。

　対応の素人（ビギナー）、つまり、指針をまったく持たない個人や組織は、〝判断＜決断〟となり、不確定要素の多い根拠をもとに判断します。お客様の感情に左右されることが多く、極端に言えば「決断」の連続となります。そして、クレームに対応するつど、精神的な負荷がかかることで、対応を誤り重大なミスへと発展することもあります。これがストレスとして溜まっていくことで、精神的な病気に侵されることもあります。

3 「担当者が不在のため、わかりかねます」——とならないために

▼〝報告経路〟〝責任の所在〟の明確化

6～7人のチームで動いている組織であれば、簡単な約束事でOKですが、30人以上の組織になってくると、一定のきまりが必要になってきます。

30人以上にもなってくると、部・課単位で動く組織形態となり、そこには組織の論理が発生してくるからです。

具体的には、「担当者が不在のため、わかりかねます」というお客様への返答や、組織の部署間の対立、「それは、あなた（部署）が対応する件ではないの？」という、責任のなすりつけ合いのような形で現われます。

このような問題は、対応窓口と経路、最終決定権者をあらかじめ決めておくことで、ある程度解決できます。これは、経営トップからの〝メッセージ〟として全スタッフに発信して浸透させます。

組織内の「役割」や「責任の所在」をあいまいにすることは、お客様のたらい回しへと

つながり、クレームの解決を遅らせることになります。最悪の場合、〝お客様の離反〟や〝悪意の口コミ〟につながっていくのです。

対応者が不在であっても「私でよろしければ対応します」という積極姿勢を育てる教育・指導も合わせて必要です。

なお、お客様の対応窓口は常に1箇所とします。お客様に「対応者は私です」とスタッフから積極的に伝えるように指導しましょう。

途中で上司に交代する場合も同様に、〝会社（店）側の対応者は誰か〟をお客様が認識できるようにはっきりと伝えましょう。

4 日頃からお客様の声を収集する

クレームが苦情やトラブルへと発展するのを防ぐためには、ご利用いただいているお客様の声（気持ち）を知ることが必要です。

そのためには、まず〝お客様の声〟を集めることからはじめましょう。

メモを取る習慣を身につけるのはもちろんのこと、必要であれば、収集するための〝ツール〟を持つのも効果的です。手帳のような、手軽に簡単に記入できる用紙をあらかじめ用意しておくのです。

接客中にお客様がふと漏らしたひと言や、お客様同士の会話、ときにはお客様へ突っ込んだ質問をしてみましょう。

「○○はないの？」「もう少し大きい商品を探してるんだけどねえ」「○○さんって感じ悪い」「新商品がもう少し早く入ればねぇ」といったものは、さまざまな問題点を浮き彫りにしてくれます。

データを収集し、お客様のご意見やご要望、クレーム情報を商品やサービスの改善につなげていくことは、クレームの予防にもつながってきます。

ツール例

お客様の声メモ（フォーマット）

Voice Memo			
■お客様の声			
■あなた（記入者）の意見			
■日　時	年	月	日
■氏　名			

お客様の声メモ（記入例）

Voice Memo	
■お客様の声	
当社オリジナル商品である○○バッグのファスナー部が締めにくいとのご指摘。 お叱り（クレーム）を受けた。	
■あなた（記入者）の意見	
ファスナー部分の改良が必要。 前週だけで3件の指摘があった。	
■日　時	200×年　4月　×日
■氏　名	山本　貴広

5 対応者個人の心構え

▼お客様は外見で判断する

1971年に、アメリカの心理学者、アルバート・メラビアンが提唱した「メラビアンの法則」をご存知でしょうか？　彼によると、話し手が聞き手に与える印象のうち、視覚情報（見た目・表情・しぐさ）が占める割合は55％にものぼります。

ここからわかるのは、「見た目」がいかに重要かということです。

クレームに限ったことではありませんが、お客様は、対応者の身なりやしぐさ・表情を見て、相手が「信頼に値する人間かどうか」を無意識に判別しています。

お客様に対応する際は、まず、あなた自身が清潔で、かつ相手を不快にさせないような身だしなみを意識しましょう。

そして、普段から自分自身の癖について認識し、改善しておくことが重要になります。

眉間のシワ、笑顔がない、横柄に見える態度（あごを上げて聞く）、お客様を疑う表情、卑屈すぎる態度（あごを引きすぎる）、お客様と目線を合わせない――これらは代表的な

「不快感を与える見た目」です。

また、お客様の身長があなたより低い場合には、お客様を見下げたような目線にならないよう、すこし距離（１ｍ程度）を置く、というところまで配慮できればいいでしょう。

特に、小売業に従事する方であれば、対面でクレームを受ける機会が多くあるのですから、売場や営業に出る前には必ず、お客様から不快に思われない身だしなみや表情・態度であるかをチェックする習慣をつけてください。

まずは、〝対応者〟が〝お客様〟に、「この人になら、相談しても大丈夫」と思わせることが重要なのです。

6 知っておくべき知識や情報とは

いまはインターネットで各種情報を検索できる時代です。

お客様は、来店・来社される前にホームページで商品やサービスについて調べたり、価格比較サイトで競合商品と比べたり、詳細な情報を調べたうえで来店されていることが多いのです。

したがって、基本的な知識すら持たないスタッフに対しては、不信感を持ってしまいます。

スタッフ「この商品は、○○は対応していませんが」

お客様「いや、たしかホームページ上では、○○に対応していると書いてありましたけど？」

というようなささいなほころびでも、スタッフに対する不信感につながります。

このため、クレームを防止するには、自社（自店）が提供する商品やサービスへの知識を深めておくことも重要です。

そこには取引先などの情報も当然のことながら含まれます。実際にクレームが発生した場合、取引先と連携して解決することもあるからです。

業界の動向はもちろん、広告について、新サービスや新商品の内容、会社の規則、お客様に関係する案件――それらについて、常にアンテナを張り巡らしておくことが重要です。

朝礼・終礼時での伝達、勉強会の開催などを通じて、スタッフ間の知識の共有はもちろん、さらなるレベルアップを意識しましょう。

お客様から問い合わせのあった商品をスタッフがまったく知らなかった場合は、カタログを見ながらでも接客すればいいのです。

接客・営業の際は、「商品・サービスについての正確な情報提供」と「お客様の目的に沿うものかどうかを考慮し提案すること」を意識しましょう。

7 クレームデータを蓄積する

クレームへの対応プロセス・結果は、事例（データ）として残しておきましょう。対応データがあると、のちのち先例から学ぶことができます。

「対応指針」「判断基準」で、会社（店）の方針を示すことに加え、事例で知識を深めることで、クレーム対応力を向上させることにつながります。

クレーム解決後は可能な限り〝クレーム事例〟の作成と周知徹底を行ないましょう。

知識としてある程度頭に入れておけば、「こういうケースはこう判断する」と経験の少ない方でも前例にならうことができます。

対応事例を積み重ねていくことで、社内におけるクレーム対応についてのフレームワークが構築されるとともに、全スタッフの共通認識となっていきます。

クレーム対応が、担当者一個人の資質に頼らざるを得なくなることは可能な限り避けましょう。

また、企業側とお客様との見解の相違から交渉が決裂して、クレームがこじれる場合があります。問題が大きくなれば社会問題にも発展しかねません。

クレームがこじれ、お客様に各機関に持ち込まれる、さらにはマスコミに取り上げられ社会問題にまで発展するといった最悪の事態を想定した対策も必要です。

事実とは異なる内容が公表された場合、企業（店舗）としてただちに反論することになります。ここで必要になるのが、クレーム対応の記録です。

クレーム発生から現在までの経緯・経過や事実関係を**客観的な視点で**時系列にまとめ、お客様からの要求とそれを受けての当方（企業・店舗）からの提案・対応などを資料としてまとめます。これを〝ポジションペーパー〟と言います。

あくまでも、対応（会社・店）側の主観や感情を排除し、**事実関係のみを客観的な視点**で作成するものです。

リスク管理の一環として日頃から意識しておくことが重要になります。

8 クレーム対応の経過を記録する際の注意点

報告書作成時はもちろんのこと、クレーム情報の知識化を行なう場合に重要なことは、事実・経過の把握はもちろんですが、対応した当事者が何をどのように考えて対応したのかという点が一番重要なポイントとなります。

第三者である上司が、実際に対応した部下に聞き取りを行なうときも同様です。その部分の多くが、今後のサービス改善につながるポイントがあることが多いのです。

当事者だけにまかせると、自分に都合のいいように書いてしまい、ミスについてはオープンにしないという弊害が起こりがちなため、報告書を作成する場合は、第三者の俯瞰的な視点を入れましょう。

当事者に聞いた後で、第三者（上司など）が客観的にまとめることで、より体系だった報告書となります。

聞き取りの際に注意すべき点は、致命的でなければミスについては責めないことです。

一番知りたいことは、対応した当事者がどのように考えて、どう対応してしまったのかという生々しい情報なのです。

クレーム報告書

起票日		記入者	
■お客様情報			
氏　名		電話番号	
Eメール		携帯メール	
住　所			
■クレームの分類（概要）			
■お申し出の内容			
■お申し出に対する対応（経過）			
■対応結果と今後の対応（まとめ）			

主観を交えず、具体的に記入

お客様のお申し出に対して行なった対応を具体的に記入（お客様の反応も）

※「誰が、いつ、なぜ、どのように、何を、どうした」などを具体的に記入すること。

9 クレーム対応に不可欠なクッション言葉

クレーム対応の実務の中では、クッション言葉は不可欠です。

お客様のガス抜きとして、また、発する言葉をやさしくオブラートに包んでお客様に説明を行なうために、会話の中で頻繁に用いることになります。

実際にお客様に対応していると、上辺だけの態度や言葉遣いはすぐに見破られます。

多少の言葉遣いのミスは挽回できますが、不用意なひと言から、クレームをこじらせないためにも、ある程度、一般常識としての言葉遣いは最低限習得しておくべきです。

▼クッション言葉

これは、お客様を不快に感じさせる可能性のある発言をする際に、前置きとして使う、緩衝材の役割を担う言葉です。

「恐れ入りますが」

「お手数ですが」「ご面倒ですが」

「誠に恐縮でございますが」

「お忙しいところ申し訳ございませんが」「ご多用にもかかわらず」

「ご面倒をおかけして申し訳ございませんが」

「ご足労をおかけいたしますが」
※お客様にお願いをするときは、＋「～していただけますでしょうか？」
「～していただくことは可能でしょうか？」

▼〝ぼかし言葉〟には注意

こちらから発言する際、ときとして語尾を〝ぼかす〟ことがあります。

これにも一長一短がありますが、答えを導くための〝ぼかし言葉〟は有効です。

たとえば、

「○○した後に○○されたのですね。それからはどのように……」

「その後、当店のスタッフ○○がどのような対応を……」

など、お客様の発言を誘導するための質問をしていくケースでは有効です。

反対に、ぼかしてはいけないケースもあります。それは、お客様が激怒し、会社（店）側の対応者が追及されているようなときです。明確な回答ができない場合に、

「ただちに検討いたしますので……」「おそらく数日中には……」「私もその件については……」

と語尾をぼかしがちです。これは、会社（店）側の対応者が「不用意な発言しようものなら何と言われるか……」と考えた末の苦し紛れの発言です。

対応者「すぐに検討いたしますので……」
お客様「すぐ検討しますとはどれくらいだ⁉」
対応者「おそらく数日中には……」
お客様「数日中に、どうするんだ⁉」
対応者「私もその件については……」
お客様「だから、お前はどう思うんだ⁉」

と、お客様は質問に適切に返答できないスタッフにイライラを募らせていきます。しだいに不信感が募り、「おまえ、はっきりしゃべれ‼」「もう、おまえじゃ話にならん、上司を出せ！」ということになってしまいます。

いきなり「上司を出せ！」と言われるのと異なり、対応者の発言の積み重ねで信頼を失っている状況です。挽回することは非常に困難であり、対応としては明らかに失敗です。

困ったら、「明日までお時間をいただけないでしょうか？」などと、語尾まではっきりと発言するように意識しましょう。

▼クレーム対応時の〝禁止ワード〟と〝してはならない態度〟

対応者の軽率な言動が、会社（店）の評価を著しく低下させることがあります。くれぐれも慎重に対応しましょう。

相槌

「え〜っとぉ」「そのぉ〜」「あのぉ〜」「はぁ」「うん」「ああ、そうですか」

反論

「しかし」「だって」「ですが」

くどい表現（お客様自身が、バカにされたような気持ちになる）

「だから」「ですから」「おわかりいただけましたか」

あいまいな表現

「おそらく」「たぶん」「一応」

お客様の発言を疑う表現

「変ですね」「おかしいですね」「意外なことで」「誰からも言われたことはないですよ」

当方の都合を前面に押し出す

「当社のきまりとなっておりまして」

その他のタブー

おどおどする、むやみにペコペコする
専門用語ばかりを使って話す
タメ口をきく（「そうだよね？」「そう思うよね？」「明日荷物が届くよ」）
ヘラヘラ笑う
小声で話す
慣れなれしい言葉遣い（「は〜い」「そうだねぇ」「ごめんなさいねぇ」）
ライバル会社の悪口を言う

6章

難クレームへの対処法

1「難クレーム」とは？

クレームにはさまざまな内容のものがありますが、全体のうち数％が〝難クレーム〟と言われるものです。

難クレームとは、法外な要求や詐欺（未遂）や恐喝、愉快犯などの対応がむずかしいクレームで、対応者の精神的なプレッシャーたるや、はかりしれないものがあります。

難クレームには、いわゆる〝クレーマー〟と呼ばれる確信犯も含まれます。

しかし、支離滅裂な内容のクレームや罵詈雑言があったからこの方はクレーマーだと決めつけ、「あなたは客ではない！」と対応を拒否してしまうと、お客様が激怒するだけではなく、問題をさらに複雑に、解決をよりむずかしくしてしまいます。

クレームを受けた当初にクレーマーだと感じていたお客様でも、話していくうちに最初の判断が間違っていたというケースも実際にはあります。

と言うのも、多くのお客様は〝どれほどの要求を企業側にしていいのか〟という基準自体を理解していないことが多いからです。

そこでは、考え方の基準となる過去の事例や、法律・判例などを説明の中にさりげなく盛り込みながら、何とか納得していただけるように提案していくことが求められます。

はじめから〝相手をクレーマーだ〟と決めつけずに、まずは粘り強くお客様の話を真摯に聞く、そして状況や内容を把握することからはじめましょう。

ときには、エスカレートして無理難題とも思える要求を突きつけてこられる場合もありますが、これは仕方のない一面もあるのです。

ネット社会が発達し、個人の影響力が大きくなってきたとは言え、個人が店舗（企業）に対しクレームを言う行為というのは、大きな組織に立ち向かう、精神的にもとても疲れることなのです。

〝対等の立場にもっていこうとする意識〟がもとで、怒鳴ってこられる方もいらっしゃるという点を理解したうえで対応に臨むことも必要です。

また、一番やっかいなのが、クレームをつけることにやりがいを感じている方。対応者のちょっとした発言に反応し、揚げ足を取り、問題を複雑にしようとする方もいらっしゃいます。

〝すぐに断ればいい〟とよく言われるのですが、この場合の多くは、企業側にも何らかの過失（落ち度）があるため、すぐに拒否することがむずかしいのです。

難クレームの対応プロセスも、通常のクレーム対応と基本的には同じです。

お客様が感情的になっているケースも多く、簡単に解決しないことが多いのですが、根気よく丁寧に対応していきましょう。

次ページから、私が実際に経験してきた難クレームと対応法を紹介していきます。

2 「誠意を見せろ」

難クレーム対応上の注意点

こちらから条件を提示しても、〝誠意が感じられない〟という言葉を繰り返し、〝誠意を見せろ〟と執拗に言われることがあります。

この場合の対応としては、お詫び申し上げ、「お客様のお話を具体的にお聞かせいただいたうえで対応させていただきたいのですが……」と提案していきます。

つまり、「お客様の考える誠意とはどのようなものですか？」というニュアンスでお伺いするのです。

「具体的にお伺いしないほうがよい」と言う方も多く、どちらがいいと一概には言えない面もあります。

私は実際にお伺いしたとき、「それくらいわかるだろう」「自分で考えろ」というようなことを言われました。相手はそのような対応を繰り返すことで、最終的によい条件を引き出そうとするのです。

「自分で考えろ」と言われた際は、「考えろと言われましても……。あらためてお伺いさせていただきますが、お客様のおっしゃる〝誠意〟とは具体的にはどのようなものなのでしょうか」と繰り返しお伺いする場合もあります。

そこで提示された条件を踏まえて、

「私どもが提示できる条件は、○○でございます。これ以上の対応はできかねますので、何とかご了承いただけないでしょうか」

と理解を求めていきます。あくまでも基本は誠心誠意対応していくことです。

3 「他の会社では、商品券5万円を持ってきた」

難クレーム対応上の注意点

他社の対応を持ち出される難クレームもあります。

「他の会社では、商品券5万円を持ってきて、こうだった」と具体的な金額や条件を言われます。

この場合、「私は要求してないよ。でも、他の会社では○○してくれた」と、お客様自身が要求するのではなく、こちら（企業側）からの提案を待つのです。

実際の対応においては、〃他社〃はとりあえず横に置いておき、自社の規定と一般的な常識に照らし合わせながら考えます。

つまり、最初の段階では他社との比較は極力避けることです。

「私は要求してないよ」と、〃恐喝〃にならないように配慮した発言であるため、ここで取るべき会社（店）側の対応は、

「では、お客様の要求と受け止めてよろしいでしょうか？」

などと、お客様の意思であることを確認することです。

確認できたら、その要求について検討し、当方からの補償案を提示することになります。

また、けん制のために「その〝他の会社〟というのは具体的にはどちらの会社でしょうか？」と聞いてみるのもいいでしょう。

私は実際に、お客様がおっしゃった〝他の会社〟に問い合わせたこともあります。その会社の担当者がお客様のことを覚えていて、アドバイスを受けたこともあります。

問い合わせ先からは「そのようなお客様は知らない」という回答もありましたし、それ以前にお客様から「どこだっていいだろ！」と教えていただけないこともありました。


いずれにしても、お客様の理解を求めて粘り強く交渉を進めていくことになりますが、会社（店）側から補償条件を提示する場合、その提示条件があらゆる面から考慮して妥当性のあるものでなければなりません。

つまり、〝なぜその補償内容になるのか〟という理由・根拠が明確であることが、必要かつ重要なのです。

4 「あの店長を辞めさせろ」

難クレーム対応上の注意点

場合によっては、〝言いがかり〟としか判断できないクレームもあります。

企業側が誠心誠意、調査・対応し、過失（落ち度）や因果関係が認められないという説明や証明を最大限行なってもお客様が納得されない場合は、お断りする場合も出てきます。

私が経験したケースでは、具体的な内容・理由をおっしゃらず、一方的に、

「あの店長を辞めさせろ」

と言う方がいました。

「何か不手際がございましたでしょうか？」と尋ねると、「お客様に接する態度じゃない」と言うだけで、具体的な内容について触れることはない。

調査した結果、過去にクレームがあり、誠心誠意対応したもののしこりが残ってしまったということでした。

来店のたびに苦情をおっしゃるだけでなく、他のお客様に悪評を広げる事態にまで発展したことから、店長の対応についてお詫びをしたうえで、これ以上悪意のある行為をされ

るのであれば営業妨害になると警告し、「今後、ご利用いただかなくても結構です」と伝えました。

〝どのような点が納得いかないのか〟を伺ったうえで調査し、その後は説明に説明を重ね、相手の一つひとつの指摘に対して丁寧に説明したにもかかわらず、まったく納得せず、明らかに不当な要求を重ねる相手に対しては
「ご理解いただけないようで残念です」
「これ以上の話し合いはむずかしいようなので、以後の交渉は打ち切らせていただきます」
というように、当方から〝交渉打ち切りの意思〟を相手に伝えます。

ただし、場合によっては猛然と反発されることが予想されますので、安易に使用できる言葉ではありません。あくまでも最終手段です。

5 「マスコミに言うぞ！」

難クレーム対応上の注意点

「消費者センターに言うぞ！」「マスコミに言うぞ！」「訴えるぞ！」など、権威を楯に要求を通そうとする言葉は、クレーム対応専門の担当者の方なら一度は聞いたことがあるのではないでしょうか。

お客様がこのように言われる場合は、対応者（会社・店）側に何らかの過失（落ち度）がある場合がほとんどです。

このため、クレーム担当者は裁判などにならないように全力で対応し、そこに至る前に解決することが求められます。

過剰な要求を主張されるお客様には、「どうぞ、どうぞ、（訴えても）結構ですよ」と言いたくなるかもしれませんが、わざわざ問題をこじれさせて得するケースはほとんどありません。

対応者（会社・店）側、お客様側双方に多大な負荷（時間・金銭・精神）がかかる消耗戦となり、後に残るのは、イメージ低下などのマイナスの結果だけ。

このような場合は、

「当方の不手際で不快な思いをさせてしまい、誠に申し訳ございません」

とお詫びしたうえで、

「私どもも精一杯対応させていただきます。もう少し、お話しをお聞かせいただけませんでしょうか？」

と、〝お客様との話し合いを継続したい〟という意思表示をします。


誠心誠意、全力で対応したにもかかわらず、どうしても折り合いがつかなければ、そこではじめて、交渉決裂を視野に入れます。

まずは、対応者（会社・店）側の努力が最優先です。

6 身分・身元を明かさない相手へはどうする？

難クレーム対応上の注意点

名前・電話番号・住所などを決して明かさぬまま、一方的に金銭の補償を求めたり、「誠意を見せろ！」と一方的に連呼されることもあります。

会社（店）の提供する商品やサービスが原因でお客様に損害を与えたとしたら、スピーディーに対応すべきなのはもちろんのことですが、相手を特定する努力も合わせて必要です。

どこの誰かを特定することを飛ばして、いきなり補償についての話をしてしまうと、相手は身元がわからないのをいいことに、法外な要求はもちろん、「すぐに補償しろ！」と急かしてくることもあります。

過去に実際にあったケースでは、身元を偽って現金を引き出そうとしたケースや、身元を決して明かさずに店頭で、「この店は詐欺や！」などの罵詈雑言を触れ回って補償を引き出そうとする営業妨害もありました。

身分を明かさない相手への対応策は、仮に、自家用車でお越しの場合であれば、運転免許証の提示をお願いするといったことが有効です。

それでもごねる方については、「補償に関する社内処理の関係上、名前と連絡先が必ず必要なのです」と説明のうえ、紙に記入いただくなどの対応で相手をけん制、特定しましょう。

7 状況に応じて警察に相談する

難クレーム対応上の注意点

お客様から恐喝するような態度で法外な要求を迫られる可能性を考えると、事前の警察への相談も一考に値します。話を通しておくだけでも違います。

誠心誠意対応したにもかかわらず、繰り返し脅してくる相手については、「私どもではすでに手に負えない状況のため、警察へ相談し指導を受けております」「このようなケースの場合、警察に連絡するようにと日頃から指導を受けております」と、相手に伝えることも必要になってきます。

警察への相談は早めに、そして、お客様に伝える場合は、すでに他の方法・手段がない場合に伝えます。その際、高圧的な態度にならないように気をつけましょう。警察に連絡することで、「そんなにたいへんなことになっているのか！」と社内の結束が強まるという効果もあります。

対処しづらいお客様

私が経験してきた中で手強かったクレームは、「○○のせいで不快な気持ちにさせられた」とお話しになるお客様に対して、ぞんざいに答えようが、真摯に答えようが、どちらにしても「あなた、いま〝何だそんなことか〟って思いましたね?」「顔に出てますよ」と指摘する方。完全な確信犯だ。

そう思っていなくても「いーや、顔に出ていた」と言われ、反論したところでさらなる突込みが待っているだけ。

「その態度がもういかん!」などの言いがかりに発展して、激しく非難されることで、こちらの精神を攻撃してくる。

それも度を越えないギリギリのラインで――これにはだんだん参ってくる。

本筋の話に移行させない確信犯である場合は、〝対応の打ち切り〟を視野に入れて対応するわけですが、安易に切り出すと今度はその点を猛烈に突っ込まれます。

店(会社)側の対応の不手際を引き出したうえで本論に入り、過剰な要求を突きつける。ときには、第三者機関を巻き込みながらこじれることがあるので、対応にはくれぐれも気をつける必要があります。

8 PL法関連のトラブル

難クレーム対応上の注意点

▼PL法とは

現在、企業が問われる過失のひとつに、製造物責任というものがあります。これは１９９５年に施行されたＰＬ（製造物責任）法に基づいています。

ＰＬ法とは、製造業者が、製造物の欠陥により他人の生命、身体、財産を侵害したときに損害を賠償しなければならない責任を定めたものです。

ＰＬ法成立以前は、消費者側が商品の製造業者の過失と損失の因果関係を立証しなくてはならなかったのですが、ＰＬ法施行後は製品自体の「欠陥」という性質を立証さえすれば、損害賠償を請求できるようになりました。

つまり、こちらが注意しなければ大きなクレームにつながる可能性があるということです。

ＰＬ法は、たとえ販売店でも責任を問われます。販売店が、ときには消費者とメーカーとの間に立つこともあり、販売した責任を追及されることもあります。

商品を扱っている以上は、基礎的な知識を習得しておくことが必要です。

▼商品のメッキがはげてけが

ＰＬ法に関連する事例で「商品をコーティングしていたメッキがはがれてけがをした」というケースが実際にありました。

幸い絆創膏を貼るだけの軽症ですんだものの、お客様の怒りはおさまらず、販売店に連絡がありました。

原因究明のためにメーカーに連絡すると、原料不足による素材の変更を行なったことが原因でした。そして、それに伴うパッケージの素材表示が変更されていない事実も判明。無断で素材を変更していたという、メーカー側の責任（過失）です。

販売店側からお詫びした後、〝メーカーの担当者〟と〝販売店の責任者〟の両名でお客様宅へ伺い、あらためてお詫びを申し上げ、メーカーから原因説明と今後の対策を約束したうえで、商品を交換し、最終的にはお許しをいただきました。

▼小ビンからの液漏れ

〝ある小ビンに入った商品の液漏れ〟が問題になったこともありました。

小ビンのラベルには商品名しか書かれておらず、商品内容、使用用途、注意書きなどの説明がまったくない。

その商品を購入したお客様が、炎天下の中、数日間、買い物袋に入れたまま車内に置きっぱなしにしていたところ、数日後、小ビンの蓋が自然に空いて液漏れしており、漏れた液体が車のシートに付着し悪臭を放っていた。

「熱い場所では、蓋が取れる可能性がある、と書いておくのが筋！」という警告表示の不備と、「他社の類似商品はプラスティックの中蓋があるから、同じ現象は起こらない。したがってこの商品は不良品だ」という製造上の欠陥をお客様から指摘されました。

製造メーカーは「これまで、この表示で問題は起こらなかった」と主張しましたが、お客様と同じ環境で実験したところ、まったく同じ結果。つまり、炎天下で車内温度が上昇している状況では、ビンの中の空気が膨張して液漏れしたのです。

同様の競合他社製品にはプラスティックの中蓋があったため、同じ環境でテストしても蓋が開くことはなく、中身が漏れ出すこともありませんでした。

よって、中蓋がなかったことが、今回の結果を招いた――メーカーに過失（落ち度）があるという結論に達しました。

顧問弁護士に相談のうえ、〝車のシートのクリーニング代プラスアルファ〟を基本に交渉を続けた結果、お客様へ一定額の現金補償を行なうことで決着しました。

9 詐欺行為について

他店で購入（あるいは万引き）した商品を、返品と偽って現金化しようとしたり、ひどいケースになると、売場から持ってきた商品をそのまま返品（買い取ってくれ）と持ってこられることもあります。

そして、渋るスタッフに迫る一番多い手口は、「時間がないから早くしろ！」と言って焦らせるタイプ。

「いま、表にタクシーを待たせている」「これから大事な商談がある。○百万円の仕事だ」と言ったうえで、

「すべて、おまえが責任を持って補償するんだな！」と迫ってきます。

こちらの思考回路を麻痺させ、考える暇を与えないように畳み掛けてくるのです。

購買履歴がなかったり、当店で扱っていない商品の返品の場合でも焦らずに、

「事実関係（購入履歴など）を確認してから」

という姿勢を崩さずに対応することが重要です。

状況によっては、〝お時間がなければ、当方から後ほど連絡しますので、連絡先を教えてください〟とけん制するような対応が必要です。

〝販売履歴を確認したうえでの対応になる〟と理由を説明し、事実確認をさせていただきたいと真摯に訴えるのです。

相手に後ろめたいことがあると、「もう、いい！」と吐き捨ててそそくさと帰っていくこともあります。

仮に、系列店で一度同じ手口でやられたという情報が回ってくれれば、「先日も、このようなケースでの詐欺事件があったので、警察から指導を受けているのです」と、相手の反応を伺うひと言を発するのも効果的です。

実際に、その場で〝これは詐欺だ〟と断定するのはむずかしく、後から判明するケースがほとんどです。経験を積まなければ判断できない部分もあります。

予防の観点からのアプローチを心がけ、社内の対応基準・指針・マニュアルを見直し、発生した際の緊急連絡を含め、対応の標準化を図っていくことが重要となってきます。

最低限、現場責任者については、リスク管理という面からの指導・教育は欠かせません。

売上を上げることばかり注力されがちですが、このような非常時こそ責任者の役割が大きく問われることになるのですから。

▼万引き誤認を誘いトラブルへ

明らかに怪しい雰囲気を持って、店内に入ってくる。かばんを空けた状態で、「いかにも盗りますよ」というアピール。レジ方向やスタッフを必要以上に気にするとともに、商品を手に取り、そわそわした行動をとる。いかにも怪しい。

こんなお客様を見たらすぐに、隠語を使ってスタッフに伝達し、その怪しい人物をマークすることになります。

しかし、最近では手口が巧妙になっており、摘発することがむずかしい状況にあります。一度盗んだ後に他の人に渡して売場に戻す、もしくは誰かに渡してレジを通らずに持ち帰る、といったような連携プレーもあります。

また、商品を盗りやすい位置にいったん移動させてその日は帰宅。後日、あらためて万引きするために来店といったケースも実際にありました。

とりわけ、もっとも対応に苦慮するのが、誤認を誘う手口です。

店舗を出たところで、声をかけるが何も盗んでいない。すると、お客様が、

「どんなけじめをつけてくれるんじゃ！」

などとまくし立てる。こうなってしまうと、企業としてはお詫びするしかありません。

実際に、名誉棄損などで訴訟問題にまで発展することもあります。

私は店舗勤務時代に、年間約20件摘発していた時期もありました。当時は、単純な手口が多かったのですが、私の実感としては、2000年頃から誤認を誘うような手口が増えはじめ、巧妙化していったように思います。

盗んだという確信が持てず、現状では摘発が困難になっています。したがって、抑止するために防犯ゲートなどの設備を導入したり、別途専門スタッフを雇うといった対応をしないと予防・摘発が困難です。

万引き誤認からのトラブルについては、ひたすら謝罪しかありません。後は、交渉を経て解決への道を模索していくことになります。

エピローグ　クレームから逃げるな

▼もう1回、あと1回の粘り

クレームに関するやりとりでは、当然のことながら、企業側からの謝罪・提案にお客様が納得されず、こう着状態に陥ることがあります。

お客様は厳しいことを言った手前、引くに引けなくなっている状況でもあります。

担当者が何度も何度も謝罪したものの、お客様はこちらの提案に一向に納得せず、許してくれない。「今日はもうあきらめて、明日以降に対応を持ち越そうか」と考える場面です。

しかし、企業側の対応者がそのように感じているということは、お客様自身も同様に感じていることが多いのです。

なので、もう1回、あと1回だけ謝罪・提案してみませんか。

お客様は、企業担当者がもう1回謝罪すれば、許そうと思っていることがあります。謝罪・提案を受けたときの企業担当者の姿勢・印象がよければ許していただけることもあるのです。謝罪・提案内容は同じであっても。

クレームメールへの対応も同様です。〃もう一度だけ、誠意の感じられる内容のお詫びのメールがきたら許そう〃と感じていることも多いのです。

それは、私がお客様の立場にあるときに感じたことであり、企業対応者としてクレーム解決後に実際にお客様から言われたことでもあります。

粘りの対応が早期解決につながることもあるのです。

▼信頼を得るための言行一致

また、信頼を得るために、〃言行一致〃は重要なことです。

お客様にサービスや商品品質の改善を約束しておきながら、まったく改善できていなければ、当然のことながら〃この企業（店舗）は信頼できない〃と、離れていってしまうでしょう。

裏をかえせば、小さな信頼の積み重ねがお客様からの信頼を勝ち取ることにつながります。

「言行一致」はお客様に対してだけでなく、社内（店内）における姿勢についても同様のことが求められます。

「クレームがあったらオレに任せろ！」

「困ったときは、オレに代われ。オレがきちんと対応するからな！」

と、頼もしいことを言っておきながら、実際に受付カウンターに何やら商品が持ち込まれたり、他のスタッフがお客様より怒られたりしている光景が入ってくると、そわそわして急にどこかへ消えてしまったら、「○○さんはいざというときに頼りにならない」とスタッフから思われるでしょう。

現場の人間には「起こった問題に対処する」という責務があります。

現場責任者の場合、単にスタッフをコントロールし、売上を上げることだけが役割ではありません。

困った問題が起こったときに、社長の代わりとなって、問題と向き合い、解決へ努力するという、いわば会社（店舗）の代表なのだという意識でクレーム対応に臨んでいただきたい、と切に願っています。

あとがき

私は、ある企業の〝お客様相談室〟の担当者として、お客様からの問い合わせやクレーム、苦情に対応してきました。

クレームをお申し出になるお客様の感情は複雑で、言葉で表現されるのは気持ちの〝一断片〟にすぎません。

したがって、質問を交えながら、お客様の考えや気持ちを浮き上がらせる努力が必要なのです。

簡単に答えられる質問から、徐々に核心に迫る質問へとシフトしていく。

結論を先に言わず、お客様に判断材料を提示し、お客様の思考を促し、お客様の言葉・認識できる内容に置き換えて提案していく。

そこでお客様から質問が返ってくることは、お客様が「企業側の言い分を聞いてみよう」と感じているサイン、いわば解決の兆しであることを実感していました。

クレーム対応の極意とは、「とことん話し合うこと」――これに尽きます。お客様は〝理屈〟や〝論理〟だけでは納得されません。なぜなら、そこには人の〝感情〟が複雑に絡み合っているからです。

複雑に絡み合った感情は、お客様の言動の端々に表われます。このため、お客様の言動が支離滅裂であったとしても、本当は何を言いたいのか、根底にある気持ちをいかに汲み取ることができるかが重要になってきます。

そのためには、「不快な気持ちにさせたことに対して」「気分を害したことについて」という謝罪を行ない、お客様の不快感を少しずつ取り除く作業を繰り返す、そんな地道な行為が要求されます。

同時に、クレーム対応では、〝論理〟と〝感情〟の両面で、お客様を納得させることが必要です。交渉相手としてお客様に認めてもらうためには、対応者の〝テクニック〟よりも〝覚悟〟が重要になってきます。

それは「私が対応者であり、解決するまでトコトン話し合う」という覚悟です。

担当者が真剣なのか、時間稼ぎをしているだけなのか、うやむやにしようとしているのか――それは不思議とお客様に伝わります。

会社（店舗）はお客様に育てられるものですから、お客様のご意見をぜひ大切にしていただきたいと思います。

クレーム対応を通じて、お客様と会社（店）双方が、さらによい関係を構築する機会となることを願ってやみません。


本書は、私の経験に基づいたクレーム対応法を中心に構成しました。

本書をヒントにして、クレーム客をあなた（会社・店）のファンに変えるお手伝いができれば、筆者としてこれ以上嬉しいことはありません。

同文舘出版の竹並治子様にお声掛けいただけなかったら、本書の出版はありませんでした。心よりお礼申し上げます。

最後に、貴重な時間を割いて最後までお読みくださった〝あなた〟に対し、最大級の感謝を申し上げたいと思います。

クレーム対応を通じて、皆様のクレーム対応スキルの向上と心の成長があることを確信して筆をおきます。

２００６年　春

山本貴広

著者略歴

山本貴広（やまもと　たかひろ）
福岡大学商学部を卒業後、商いの道を志し、民間会社へ入社。その後、業界大手のアウトドア用品卸・販売会社へ転職。現場主義を貫くスタイルで、入社後、一般社員から１年で店長代行、３年で店長へと異例の早さで昇進する。本部経営戦略室にて、現在では30万人以上を有する会員組織の立ち上げに携わった後、社長室や環境保護財団事務局との兼務にて、お客様相談室担当を命じられる。お客様からの苦情・クレーム対応と併せて、通常業務とのバランスを求められ多忙を極めながら、この間、クレーム対応の仕組みを構築する。
その後、それまでの功績を評価されて、販売部門にて直営店数十店への店舗指導に携わる。対応したお客様は数千人にものぼり、現場では直接対応のスキルを、お客様相談室では現場（第三者）を介した間接対応のスキルを修得。お客様対応の指導法には定評がある。

■連絡先
メールアドレス：project_c@nifty.com
ブログ「クレーム対応の処方箋」：http://soudan.air-nifty.com/claim

■オフィス
〒802-0001
北九州市小倉北区浅野3-8-1 AIMビル６Ｆ
ホームページ：http://093.jp　メールアドレス：info@093.jp

クレーム対応の極意

平成18年６月２日　初版発行

著　者　山本貴広
発行者　中島治久

発行所　同文舘出版株式会社
東京都千代田区神田神保町1-41　〒101-0051
電話　営業03（3294）1801　編集03（3294）1803
振替　00100-8-42935　http:www.dobunkan.co.jp

 ISBN4-495-57111-7
印刷／製本：東洋経済印刷　Printed in Japan 2006